対決！ 日本史4

日露戦争篇

安部龍太郎 佐藤 優
Abe Ryutaro　Sato Masaru

潮新書
052

潮出版社

まえがき

佐藤　優

現在、歴史は大きな転換点を迎えようとしている。きっかけは昨年（2022年）2月24日にロシアがウクライナに侵攻したことだ。この戦争は、当初、ウクライナ東部のドンバス地域（ドネツィク州とルハーンシク州）に居住し、ロシア語を日常的に話し、正教を信じ、自らがロシア人というアイデンティティーを持っている人々の処遇《しょぐう》をめぐるロシアとウクライナの係争《けいそう》だった。しかし、この戦争（ロシアは特別軍事作戦と呼んでいるが、実態は戦争だ）は、2国間の枠組みを超えて、ロシアVS.西側連合の戦いになった。それとともに性格が価値観戦争に転化した。西側連合から見るとこの戦争は民主主義VS.権威主義の戦いだ。ロシアからすると真実のキリスト教徒（正教徒）VS.悪魔崇拝者《すうはいしゃ》の戦いだ。悪魔崇拝というのはレトリックや誇張《こちょう》ではない。実際にプーチン大統領は2022年9月30日に〈西側エリートの独裁は、西側諸国の国民を含むすべての社会に向けられています。全員への挑戦状です。このような人間の完全否定、信仰と伝統的価値の破壊《はかい》、自由の抑圧は、「宗教を逆手《さかて》に取った」、つまり完全な悪魔崇拝の特徴を帯《お》びているのです〉と述べた。このような価値観戦争は、一方が他方を根絶するまで続く殲滅戦《せんめつせん》になる。

この戦争を国家観や民主主義、（ロシア）正教文明というような価値観で見ると事柄の本質を見失う。侵略の被害に遭《あ》うウクライナ国民、徴兵《ちょうへい》され戦闘に従事することを余儀《よぎ》なくされたロシア国民は、いずれも草の根の民衆だ。国家指導者、軍幹部、政治家、軍産複合体幹部には、自らの信念や利益がある。それが民衆の利益と合致《がっち》するとは限らない。

『対決！日本史』シリーズで安部龍太郎と私が追求しているのは、民衆本位の歴史である。小学校から高校までで学ぶ歴史は、権力者の交代、国家間関係が基調になる。これまでも民衆史が強調されることがあったが、その背景には非抑圧階級が歴史を作るのだというマルクス・レーニン主義（科学的社会主義）の唯物史観《ゆいぶつしかん》（史的唯物論）が潜《ひそ》んでいた。マルクス・レーニン主義イデオロギーのめがねを通した民衆観で、等身大で民衆をとらえることはできないと思う。民衆が歴史を動かす原動力であるが、正しい前衛党《ぜんえいとう》（共産党）の指導を得ないと民衆のエネルギーが間違った方向に向かうというような歴史観では、歴史を突き動かす力をとらえ損ねる。

安部は歴史小説家だ。『家康』『維新の肖像』『風の如く　水の如く』などの作品で安部は歴史上の人物の心の動きを描き出す。心は目には見えないが、確実に存在する。実証史学の方法やイデオロギーに基づいた歴史方法論（左翼的な唯物史観であっても、右翼的な皇国史観《こうこく》であっても）人間の心をとらえることはできない。『対決！日本史』シリーズの対談で私が気付いたのは、安部が歴史上、有名な人々だけでなく、民衆一人ひとりの心について想像《そうぞう》する優れた感性を持っていることだ。

私はロシア専門家であるが、外交官としてモスクワの日本大使館に勤務していた時期に家庭教師についてウクライナ語とベラルーシ語を勉強した。ロシア科学アカデミーの民族学人類学研究所やスラヴ・バルカン学研究所（現スラヴ学研究所）に通って東スラブ3民族（ロシア人、ウクライナ人、ベラルーシ人）の民族誌的特徴や自己意識について勉強した。だから現在、ロシアとウクライナの戦場になっているウクライナ東部や黒海沿岸地域の人々の自己意識を想像することができる。この地域に住む人々は、ロシア語を話し、正教を信じ、ロシア文化の中で生きてきた。同時にウクライナの国内パスポート（ロシアでもウクライナでも国民に国内パスポートが発給される）を持っていることに違和感を覚えていなかった。こういった人々がこの戦争によって、自らがウクライナ人であるかロシア人であるかを選ぶことを余儀なくされた。そして選択した民族の違いによって、親子、兄弟、親族、友人が殺し合わなくてはならない状況すら生まれている。

アメリカはロシアと直接交戦することを絶対に避けなくてはならないと考えている。そのような事態《じたい》になれば、第3次世界大戦となり核戦争の危険が高まるからだ。ウクライナがロシア本土（22年9月末にロシアが併合したドネツィク州、ルハーンスク州、ザポリージャ州、ヘルソン州を除く）にアメリカをはじめとする西側連合が提供した兵器を使用しないという条件で軍事支援をしている。また、ウクライナが要請する量と質、さらにタイミングを満たす形での軍事支援をあえて行っていない。ロシアがアメリカを交戦国と認定する事態を生じさせないためだ。このようなアメリカによる「管理された戦争」によってウクライナが勝利することはない。アメリカの目標はウクライナを勝利させることではなく、ウクライナ人を使ってロシアを弱体化させることだ。

本書で安部とも語り合ったが、イギリス、アメリカなどアングロサクソンは他民族を巧《たく》みに利用して自らの国益を増進する。日露戦争において、イギリスは日本の同盟国であったが、イギリスの将兵が参戦することはまったく考えていなかった。日本を支援することによって、イギリスの利益の極大化《きょくだいか》を図ったのだ。ポーツマス条約でアメリカが日本とロシアの仲介を引き受けたのも、その方がアメリカの国益に適うと考えたからだ。日露戦争の構図のアナロジー（類比）で、われわれは現在進行しているウクライナ戦争を冷静に評価できるようになる。

重要なのはその先だ。このような戦争に巻き込まれた民衆の状況に心を寄せることだ。戦争はコンピューター・ゲームではない。コンピューター・ゲームでは一旦死んだキャラクターが容易に甦《よみがえ》ることができる。実際の戦争でそのようなことはない。人の死がもつ意味を、また後遺症が残る怪我をした人について、真面目に考える必要がある。

安部は小説、私はノンフィクションと異なる分野で活動している作家であるが、二人の出《しゅっ》自《じ》はいわゆるエリート層の家庭ではなく、民衆出身だ。日清戦争、日露戦争についての話し合いを深めるなかで、私は自らの民衆性を再認識した。戦争に巻き込まれることは民衆を不幸にする。この基本認識だけは、絶対に揺《ゆ》るがせてはならないと思う。

本書を上梓《じょうし》するに当たっては潮出版社の幅武志氏にたいへんにお世話になりました。民衆の視点に立って編集することの重要性を私は幅氏から学びました。どうもありがとうございます。

2023年1月29日、曙橋(東京都新宿区)の自宅にて

対決！ 日本史4
日露戦争篇

目次

第3章 日露戦争の前哨戦としての日英同盟 73

第7章　ポーツマス条約 157

序章

日露戦争から
ウクライナ戦争を
照射する視点

1904年、日露戦争――
2022年、ウクライナ戦争――
二つの戦争の共通点とは何か。
いま世界は第3次世界大戦の
危機に直面している。

■直結する「過去」と「今」

安部―これまで佐藤さんといっしょに、歴史をめぐる対談『対決！日本史』シリーズを発刊してきました（「戦国から鎖国篇《さこくへん》」「幕末から維新《いしん》篇」）。「日清《にっしん》戦争から日露《にちろ》戦争篇」と題する第3弾を発刊するため２０２２年夏に語り始めたところ、二人とも話が湧《わ》き出《で》るように止まらない。「維新から日清戦争篇」（22年12月刊行）だけで1冊の分量に達してしまったため、「日露戦争篇」は第４弾として発刊することに決めました。

19世紀末から20世紀初頭にかけての戦乱の時代は「終わってしまった過去の歴史」ではありません。ウクライナ戦争の停戦合意が見えず、朝鮮半島《ちょうせんはんとう》や台湾海峡《たいわんかいきょう》で緊張感《きんちょうかん》が高まるなか、現在を生きる人々にとって「過去」と「今」は直結します。

佐藤―日清戦争（１８９４〈明治27〉年〜）以降、日本は10年に１回、戦争する好戦国家になってしまいます。日露戦争（１９０４〈明治37〉年〜）で日本はロシアに勝利するわけですが、歴史を振《ふ》り返《かえ》ると日露戦争のバックグラウンドでは、イギリスやアメリカの思惑《おもわく》が蠢《うごめ》いていました。

誤解を恐《おそ》れず言いましょう。アングロサクソン[*1]は、自分では戦わず他人に戦わせるのがとてもうまいのです。1856～60年の第2次アヘン戦争[*2]（アロー号戦争）は、イギリスとフランスの連合軍と清国が激突《げきとつ》したことになっていますが、英仏《えいふつ》連合軍の最前線には相当数のインド人が参加していました。イギリスは「アジア人とアジア人を戦わせる」という構図を作り、自らは後ろに控《ひか》えていました。

安部―第2次アヘン戦争と同様の構図が日露戦争にもありました。日清戦争後、ロシアは清国や朝鮮に急接近して満州進出への足掛《あしが》かりとします。列強のイギリスは、当時の東アジアにおけるロシアの動きに対抗《たいこう》することができませんでした。世界に大帝国《だいていこく》を築いていたイギリスでしたが戦線を広げすぎていたのです。

広げすぎた戦線の一つが1899年10月から1902年まで続いたボーア戦争[*3]（南アフリカ戦争）です。

佐藤―南アフリカの金《きん》に目をつけて植民地化しようとしたイギリスでしたが、武装蜂起《ほうき》したボーア人に激しく抵抗《ていこう》され、イギリス軍は押《お》し返《かえ》されます。つばぜり合いは20年近くにわたって続き、ボーア戦争が勃発《ぼっぱつ》します。

それ以外にイギリスはロシアとのグレートゲームも仕掛《しか》けます。グレートゲームの一正面はイラン、さらなる一正面がアフガニスタンです。19世紀初頭にはイギリスがイランから北上して、現在のアゼルバイジャンやアルメニア、ジョージア（グルジア）、カスピ海を押《お》さえようとしました。そのときロシアはすでにアゼルバイジャン、アルメニア、ジョージアを押さえて、イランの半分を取りかけていたわけです。

1804年から1813年の第1次イラン・ロシア戦争と、1826年から1828年までの第2次イラン・ロシア戦争の結果、ロシアは、ナヒチェバンというアゼルバイジャンの飛び地（当時イラン領）を併合《へいごう》しました。南北アゼルバイジャンを統一しようと考えたロシアは、アゼルバイジャン人を味方につけてイランまで進んでいこうとします。一時はイランのタブリーズまで進出したのです。

安部―イランへの進出、さらに中央アジアに目を向けるロシアの南下政策によって、イギリスはインドにおける権益が脅《おびや》かされる危機感を抱《いだ》きます。特に緩衝《かんしょう》地帯であるアフガニスタンをめぐって両国の関係は悪化するのです。イギリスは先手を打ってアフガニスタンに侵《しん》攻《こう》し、1838年、第1次アフガニスタン戦争[*4]が起こります。

佐藤―1858年、イギリスはインドを植民地化しました。大英帝国《だいえいていこく》の一部であるインドから北上して、イギリスは中央アジアに至ろうともくろみます。それに対してロシアは、中央アジアからアフガニスタンを経由してインド洋に至ろうと考えました。

このグレートゲームが結局どういう形で落ち着いたのでしょう。ロシアとイギリスはアフガニスタンでぶつかり、両方が膠着《こうちゃく》して動けなくなってしまいました。そこでアフガニスタンを中立の地、緩衝地帯として「インドはイギリスが取る」「中央アジアはロシアが取る」という棲《す》み分けをしたのです。だからアフガニスタンにはいまだに鉄道が1本もありません。

安部―えっ、そうなんですか。

佐藤―どうしてかというと、鉄道を敷《し》いたらイギリスやロシアが軍事用に使えてしまうからです。イギリスやロシアの軍事展開を防ぐため、アフガニスタンでは鉄道が敷かれませんでした。現在も鉄道が敷かれていないのも、軍事的バランスが崩《くず》れることをアフガニスタンの各部族が懸念《けねん》しているからと思います。

安部―イギリスも戦線を広げすぎてしまい、ロシアもまた戦線を広げすぎてしまった。手広くいくつも戦線を展開してしまったことも、日露戦争敗戦の一要因かもしれませんね。

佐藤―ロシアとてさすがに手一杯《ていっぱい》で、極東の戦線まで戦力を傾注《けいちゅう》する余力も時間も足りなかったのです。一方で世界に手を広げすぎたイギリスは、日清戦争後に満州へと南下するロシアの動きを食い止めるだけの余裕《よゆう》がなかったのです。

安部―そのイギリスに代わり日本がロシアと対峙《たいじ》した側面が日露戦争にはあったわけです。

2022年2月24日に勃発したウクライナ戦争は、ロシア対ウクライナという単純な図式ではありません。ウクライナの背後からNATO（北大西洋条約機構）とりわけアメリカが支援《しえん》して大量の武器を送りこみ、NATOの代理戦争の様相を呈《てい》しています。

佐藤―その意味では、日露戦争における日本と欧米《おうべい》列強諸国との関係と似通っています。

■プーチン大統領の内在的論理を探る

安部―佐藤さんの有料メールマガジン「インテリジェンスの教室」（2022年10月12日号）に、「9月30日のプーチン大統領演説」全文と分析《ぶんせき》メモが載《の》っていました。佐藤さんは「重要ポイント」を次のように指摘《してき》しています。

〈ロシアの使命は、ロシアの国家とロシア人のアイデンティティを維持《いじ》することで、そのためには西側との戦いが不可欠との認識《にんしき》をプーチン大統領は示している〉

プーチン大統領の演説も、一部をご紹介《しょうかい》しましょう。

〈私たちの祖先、すなわち古代ロシアの祖先から何世紀にもわたってロシアを建設し守ってきた人々の世代が勝利を収めてきたのです。ここノヴォロシア[*5]では、ルミャンツェフ[*6]、スヴォーロフ[*7]、ウシャコフ[*8]が戦い、エカテリーナ2世[*9]とポチョムキン[*10]が新しい都市を築きました。私たちの祖父や曾祖父《そうそふ》は、大祖国戦争[*11]中、ここで死闘《しとう》を繰《く》り広《ひろ》げたのです〉

〈ロシアへの介入《かいにゅう》は何度も計画され、17世紀初頭の大混乱（スムータ）の時代と1917年以降の動乱の時期につけ込《こ》もうとしましたが、いずれも失敗に終わったことが知られています。結局、西側は国家が崩壊《ほうかい》した20世紀末にロシアの富を手に入れることに成功したのです。

当時、私たちは友人やパートナーと呼ばれていましたが、実際は植民地として扱《あつか》われ、さまざまな枠組《わくぐ》みで何兆ドルもの金が吸い上げられました。私たち全員がすべてのことを覚えており、何も忘れていません〉（翻訳＝佐藤優／原文はロシア大統領府のウェブサイトより http://kremlin.ru/d/69465）

ロシアの歴史をさかのぼって戦争の意義を訴《うった》えるプーチン大統領の演説を読みながら、まるでドストエフスキー[*12]の小説を読んでいるような複雑な気持ちになりました。

佐藤― ロシアが一方的に仕掛けた侵略《しんりゃく》戦争は間違《まちが》っていますし、ロシアがやっていることがおかしいのはたしかです。そのうえで、ロシアにはロシアの理屈《りくつ》があることに目を閉《と》ざすべきではありません。

日本も含《ふく》めて、西側諸国は「ロシアが発信する情報はフェイクニュースだ」「バイアス（偏《かたよ》り）がかかり歪《ゆが》められたプロパガンダ（煽動《せんどう》情報）だ」と情報を遮断《しゃだん》してしまっています。こういうとき、私のようにロシア語を読める人間がなすべき仕事があるのです。プーチン大統領が言っている言葉を正確に全文訳して、プーチンの内在的論理をとらえなければなりません。欧米諸国や日本が「ロシアがやっていることには同意できない」と感情的に反発し、プーチンの言説に耳を傾《かたむ》けなければ、いつまで経《た》っても停戦合意には至らないのです。

アメリカにガッチリ管理され、「ＮＡＴＯとロシアが直接はぶつからない」という条件で戦争をやっている限り、ウクライナは勝てません。勝てない戦争をいつまでも続けて、戦場で兵士が、さらには無辜《むこ》の民《たみ》が死んでいくのを見捨てていいのでしょうか。

安部― このままでは、ウクライナはＮＡＴＯの捨て駒《ごま》にされてしまいかねません。

佐藤― おっしゃるとおりです。

▒ウクライナで進むハイブリッド戦争

佐藤―2022年9月、ウクライナ東部のハルキウ州でロシア軍が敗走し、ウクライナが優勢になったという報道がいっせいに流れました。実を言うと、ハルキウ州で暮らす多くの住民は「我々はロシアに編入されてもいい」と思っているのです。ロシアはそうした実態をよくわかっていました。だから「ハルキウにはロシア軍を手厚く配備しなくても大丈夫《だいじょうぶ》だ」と判断して、軍隊をウクライナの南側に寄せてしまったのです。

その様子を人工衛星で監視《かんし》していたアメリカは「しめた。ハルキウが手薄《てうす》だぞ」とウクライナに伝え、一気に攻勢《こうせい》を仕掛けさせました。

安部―舞台裏《ぶたいうら》ではそのような動きがあったのですか。「武器を使う直接戦」と「武器なきインテリジェンス戦争」が同時並行《へいこう》で進むハイブリッド戦争ですね。

佐藤―しかもアメリカ製の兵器を使ってハルキウの戦闘《せんとう》を突破《とっぱ》した部隊には、アメリカ軍とイギリス軍の特殊《とくしゅ》部隊員が傭兵《ようへい》として送りこまれていました。

安部―「休暇中《きゅうかちゅう》の特殊部隊員が、ウクライナ軍と雇用契約《こようけいやく》を結んでアルバイトをしていただけだ」なんて言い訳は通用しないでしょう。

佐藤―ロシアは通信傍受《ぼうじゅ》をしていますから、傭兵が淀《よど》みないアメリカ英語やイギリス英語で話している事実を摑《つか》んでいます。傭兵の正体が誰《だれ》かはガラス張りでバレている。その事実を知ったプーチンは黙《だま》ってはいられません。いくらなんでも、これではアメリカやイギリスとロシアが直接交戦しているのといっしょです。

ハルキウを奪還《だっかん》したウクライナは、選別収容所を作りました。

安部―ウクライナ東部のドネツィク州にあるマリウーポリでは、ロシアが選別収容所を作りました。住民がロシア側のシンパかウクライナ側のシンパか。どちらに敵対的な人物か。拷《ごう》問《もん》と尋問《じんもん》をやりながら仕分けていく収容所です。

佐藤―それと同じことを、ウクライナはハルキウでやっています。日本ではまったく報道されませんけどね。ロシアと協力した疑いのある人間を凄惨《せいさん》な拷問にかけて「自白」を引き出すのです。ロシアから人道物資を受け取った住民で、銃殺《じゅうさつ》された人もいます。これらはロシア発の情報ですが、真実の一面を表していると私は考えています。

安部―「ウクライナ軍に協力したロシア人が殺されている」という報道がたくさん出ましたが、ウクライナはウクライナで、同じことをやっているわけですか。

佐藤―そうです。日本のニュースだけを見ていると信じられないでしょうが、ロシアはウクライナ軍に積極的に協力した住民を殺害し、ウクライナはロシア軍に積極的に協力した住民を殺していています。ヘルソン州やザポリージャ州では、ロシアに協力しているウクライナ人が大多数です。「我々が暮らす地域はロシアに編入してくれ」「ロシアに編入してもらえなければ、いつウクライナから切り捨てられるかわかったもんじゃない」という声のほうが、実は強いのです。「ロシアが編入してくれさえすれば、最後まで我々を守ってくれるはずだ。とにかくもう支配者がコロコロ変《か》わるのだけは勘弁《かんべん》してくれ」。これが実態ではないでしょうか。

しかし、「ロシアからかかるものすごい圧力のもとで、ヘルソン州やザポリージャ州の人民は呻吟《しんぎん》している。ロシア軍を追い出すために、現地でいつ住民の武装蜂起が起きてもおかしくない」というのが日本でのイメージです。

安部―実際に起きていることは日本のメディア報道とはほど遠いということですね。

佐藤―もちろんすべての住民が「これでいい。ウクライナ領からロシア領に変わるのは大歓《だいかん》迎《げい》だ」と喜んでいるわけではありません。「ウクライナ兵が入ってきたら何をやられるかわからない。我々が生き残るためにこれしかない」という恐怖《きょうふ》の結果、ヘルソン州やザポリージャ州の人々はロシアを選択《せんたく》しているのです。もちろん一部にウクライナの支配を望んでいる人々もいます。日本や欧米ではこういう人々の声があたかも民意全体を体現しているかのごとく報道されています。

▩ウクライナ寄りにバイアスがかかりすぎている日本の報道

佐藤―２０２２年９月の段階で、ウクライナは盛《さか》んに「ロシア軍がしっぽを巻いて敗走している」「ロシア兵はウクライナから逃《に》げていった」と喧伝《けんでん》していました。ウクライナ軍の人員は、現地に出動しているロシア軍の約８倍の陣容《じんよう》です。軍事教本にあるとおり、彼我《ひが》の兵力の差が３倍を超《こ》えた場合は負けます。戦闘を停止しなければ全滅《ぜんめつ》です。

この状況下《じょうきょうか》で、ロシア軍が採るべき方法はたった一つしかありません。古典的な方法で、川の向こうにいったん逃げてしまえばいいのです。それを「大敗走」と表現するメディア報道は、現実を見誤っています。９月には泥沼《どろぬま》のようなぬかるみであっても、11月の終わりには川がカチコチに凍結《とうけつ》します。「大敗走」と言われている間にロシア軍は人員を補充《ほじゅう》し、川が凍《こお》ったころにまた戻《もど》ってくるのではないでしょうか。

安部―日本の報道を見ているだけでは、佐藤さんがおっしゃった構図はちっとも見えてきません。

■ウクライナ応援団だったイーロン・マスクの方針転換

佐藤―２０２２年秋の段階で、ウクライナ戦争の最新情勢をいちばんよくわかっているのはイーロン・マスクだと私は見ています。

安部―イーロン・マスクというと、自動運転が可能なテスラ（電動自動車メーカー）のCEO（最高経営責任者）を務め、「スペースX」を創業して宇宙開発も進めている起業家です。２０２２年10月には、４４０億ドル（６兆４４００億円）でツイッター社を買収して話題になりました。

佐藤―ウクライナの戦争が始まった瞬間《しゅんかん》、イーロン・マスクは「スターリンク」（人工衛星による高速通信網《もう》）をウクライナに無償貸与《むしょうたいよ》しました。彼はツイッターで、ウクライナへの投資額が８０００万ドル（１１６億円）だと明かしています。

安部―ロシアによってインターネット通信を遮断されるなか、ウクライナ軍にとってこのうえない福音《ふくいん》でした。

佐藤―今回の戦闘でいちばん熱心に協力した人です。２０２２年10月、そのイーロン・マスクが「スターリンクの無償貸与はもうやめる」（のちに継続）と言い出しました。「クリミアはロシア領だということで、もう議論はやめよう。今回ロシアによって編入された地域では、国連の主導のもとでもう一度住民投票をやろう。それで議論はいっさい終わりにするべきだ」という提案をツイッターで呼びかけたのです。

ウクライナのゼレンスキー大統領は怒《いか》り狂《くる》って、ツイッターで「ウクライナを支持するマスクとロシアを支持するマスクのどちらがいいか」と国民に呼びかけました。

安部―「善人のイーロン・マスク」と「悪人のイーロン・マスク」と、二人のイーロン・マスクがいるというわけですね。

佐藤―ロシアは1日半の時間をおいたあと、大統領府の報道官と外務省の報道官が揃《そろ》って「イーロン・マスクは現実をわかっている。非常に現実的な提案だ」と好意的な反応を示しました。イーロン・マスクは親ロシア派の人物ではありませんし、ロシア側と方向性をいちいち示し合っているわけでもありません。

安部―うんと悪く表現すると、したたかな商売人であることは間違いありません。

佐藤―状況を見ながら、彼はウクライナ戦争がどこへ向かうべきかわかっているのです。要するに、彼が言いたいのはこういうことでしょう。「ロシアが部分的動員どころか総動員までかけて総力戦を始めたら、ウクライナはひとたまりもない。ますます無辜の民が死ぬ。ここらでもう戦争は終えるべきだ」。

ところが日本では「イーロン・マスク氏が親ロシア的な提案。激しい反発の声」といった見出しの報道で一色でした。イーロン・マスクが何を言っているかということ自体、文脈を含めて正確に報道されません。ウクライナ寄りベッタリの一面的な見方で「プーチン＝悪」「ゼレンスキー＝悪と戦う正義のヒーロー」と色分けしてしまうのは危険です。

こういう状況下で、あらためて日露戦争について深く考察するのはとても重要ではないでしょうか。

安部―第3次世界大戦が起こってもおかしくない状況のなか、従来の間違った常識や通説を排《はい》して時代の真実に迫《せま》ることは、戦争を止める〝知恵《ちえ》〟を汲《く》み出《だ》すきっかけになるはずです。

佐藤―「維新から日清戦争篇」で安部さんのお話をうかがいながら気づいたのは、戦争でいちばん最初に犠牲《ぎせい》になるのは真実だということです。戦争が始まると、どの国でも人々は真実を語れなくなります。その結果、民衆が犠牲になるのです。

まず真実が犠牲になり、続いて民衆が犠牲になる。この負のループを逆回転させなければいけません。過去の戦争で何が起こったか。できる限り正確に真実に迫り、戦争をけっして美化しない。こうした「闘《たたか》う言論」が、結果的に戦争を食い止め、民衆を支えることにつながるのです。

安部——2022年2月以来、日本全体が戦争の熱気に興奮して浮《う》き足立《あしだ》っています。この対談を通じて、民衆の側に寄《よ》り添《そ》い、人間がまっとうに生きるためにはどうすればいいか、その視点で、ウクライナ戦争について再考するきっかけになれば幸いです。全力で語り合っていきましょう。

第1章

日清・日露戦争
東アジアの地政学

清国、韓国に急接近するロシア。
そしてアメリカは
帝国主義国家へと変貌していく。
日清戦争後の東アジアの
パワーバランスを摑み取れ！

■日清戦争後に急接近したロシアと清国と韓国

安部―前著「維新《いしん》から日清《にっしん》戦争篇《へん》」では、北清事変《ほくしんじへん》＊1（1900〈明治33〉年の義和団《ぎわだん》＊2の乱）がどういう構図で起こり、清国が租借地《そしゃくち》＊3としてどうやって各国に分割《ぶんかつ》されていったかを語り合って最後を締《し》めくくりました。第1章では、北清事変から日英同盟＊4（1902〈明治35〉年1月）に至るまでの各国の思惑《おもわく》について語り合いましょう。その話に入る前に、前提となる状況《じょうきょう》をあらためて摑《つか》んでおかなくてはなりません。

第1に、日清戦争後の1895（明治28）年4月、ロシア、フランス、ドイツが三国干渉《さんごくかんしょう》＊5を仕掛《しか》けてきました。三国干渉の結果、日本は清国に遼東半島《リャオトンはんとう》を還付《かんぷ》します。

佐藤―遼東半島の還付は、後に大連《ターリエン》と旅順《リュイシュン》の租借を日本が実現する下地となりました。

安部―第2に、清国は2億両《テール》という巨額《きょがく》の賠償《ばいしょう》金を日本に支払《しはら》っています。現代の貨幣《かへい》価値に換算《かんさん》すれば国家予算の3年分、現代に換算すれば約300兆円に匹敵《ひってき》する金額です。この賠償金を支払うため、清国はロシアとフランスから借金をしました。

これら二つの要因が、ロシアと清国を結びつける非常に重要なファクターであることをまず押《お》さえる必要があります。

佐藤―よくわかります。

安部―と同時に、ロシアは朝鮮《ちょうせん》に対しても恩を売りました。１８９５年に日本が閔妃《びんぴ》*6（高宗《こうそう》*7の妃《きさき》）を殺害すると、１８９６年に高宗はロシア公使館に逃《に》げこみました。王様を自分のところで保護して恩を売ったことが、後に龍巌浦《ヨムアムポ》での森林開発権獲得《かくとく》につながります（龍巌浦事件*8）。

なお清国の冊封《さくほう》体制*9から脱却《だっきゃく》し、さらに日本からの外圧を跳《は》ね返《かえ》したかった高宗は、１８９７年に国号を「朝鮮」から「大韓帝国《だいかんていこく》」に改めました。

話をまとめますと、日清戦争で日本が強引《ごういん》なことをやりすぎたツケがロシアと清国の接近、さらにはロシアと朝鮮の接近を生み出しているのです。その結果、日本に不利な状況が生まれました。こうした構図を俯瞰《ふかん》しておかなければ、日清戦争から日露戦争に向かう歴史をきちんと把握《はあく》できません。

■清国の全権大使・李鴻章の警鐘

佐藤―日清戦争後、そこそこのところで手を打っておくべきだったのに、日本は強欲《ごうよく》にやりすぎてしまった。

安部―日清戦争の勝利に酔《よ》いしれる日本は、非道な狼《おおかみ》国家になってしまいました。日本では「勝った勝った。賠償金をぶん取ったぞ」と喜んでいたわけですが、戦争の傷跡《きずあと》がまったく修復されないまま、清国と朝鮮をロシア側に追いやっていったのです。

佐藤―戦争に負けるのも悲惨《ひさん》ですが、勝ちすぎも良くないのですよね。極端《きょくたん》に勝ちすぎたら、あとで必ず反発が来ます。「維新から日清戦争篇」でご紹介《しょうかい》した清国の全権大使・李鴻章《りこうしょう》＊10の覚書を再び読み返してみましょう。

〈領土割譲は清《しん》国民に復讐《ふくしゅう》心を植えつけ、日本を久遠《くおん》の仇敵《きゅうてき》とみなすだろう。日本は開戦にあたり、朝鮮の独立を図り、清国の土地をむさぼるものではない、と内外に宣言したではないか。その初志を失っていないならば、日清間に友好・援助の条約を結び、東アジアの長城を築き、ヨーロッパ列強からあなどられないようにすべきである〉（『日本の歴史⑱ 日清・日露戦争』〈海野福寿著、集英社、71頁〉）

安部―日本が我《わ》が国《くに》の土地を奪《うば》うならば、我が国の国民は日本を永遠の敵として恨《うら》むからな――李鴻章の警鐘《けいしょう》は現実のものとなりました。

佐藤―「敵として恨むからな」という怒《いか》りは、１００年以上が過ぎた今日まで続いています。

安部―そのとおりです。まずはこうした構図をしっかり押さえたうえで、この先の話に進みましょう。

▩大川周明の『米英東亜侵略史』

佐藤―大川周明《おおかわしゅうめい》*11は１９４２（昭和17）年出版の講演録『米英東亜侵略史《べいえいとうあしんりゃくし》』（日米開戦から１週間目を皮切りに、ＮＨＫのラジオ番組で語った講演の再録）の中で、イギリスという国の狡猾《こうかつ》さについて喝破《かっぱ》しています。まずイギリスは、清国との間で第１次アヘン戦争*12（１８４０～42年）を戦いました。

安部―当時イギリスは、インドで作ったアヘンを清国に輸出して大儲《おおもう》けしていました。そのため清国に薬物中毒者が激増し、頽廃《たいはい》的な状況が出現します。怒《いか》れる清国は商人のアヘンを取り上げて焼《や》き払《はら》い、アヘンの禁輸措置《そち》を取りました。逆ギレしたイギリスはアヘン戦争を仕掛け、清国に勝利します。

佐藤―第１次アヘン戦争の次に、インドでセポイの反乱*13（１８５７～59年）が起きました。イギリス領だったインドで傭兵《ようへい》（セポイ）が反乱を起こすと、イギリスは力で押さえつけて鎮《ちん》圧《あっ》します。ただしセポイを最後まで徹底的《てっていてき》には追《お》い詰《つ》めません。依然《いぜん》としてインドをイギリスの屈服下《くっぷくか》に置きつつ、セポイたちの名誉《めいよ》を維持《いじ》するのです。

序章でもアングロサクソンは、自分では戦わず他人に戦わせるのがとてもうまいと触《ふ》れましたが、第2次アヘン戦争（アロー号戦争）が起きると、セポイたちをイギリスの尖兵《せんぺい》として動員しました。

アロー号戦争でイギリス側について戦ったのは、セポイだらけだったのです。「こういうふうにして、アジア人によってアジア人を殺させるのがイギリスの狡猾なやり方だ」と大川周明は批判しました。

安部―なるほど。大川の言うとおりですね。

佐藤―大川周明は「アメリカは変わった」とも指摘《してき》します。「ペリーというのはなかなかの人物だった。あの時代にあって日本と対等につきあい、それでいて日本を植民地にする意図はもっていなかった」。そのアメリカが、米西戦争[*14]あたりから変わってきたと大川は言うのです。

安部―1898年に起きた米西戦争で、アメリカはスペインに勝利しました。その結果、アメリカはグアムやフィリピン、プエルトリコを植民地化し、キューバを保護領として傘下《さんか》に収めます。

佐藤―大川周明は「道義性を重んじるアメリカから、帝国主義[*15]のアメリカに変わってきた」と分析《ぶんせき》します。もともと狡猾で悪いイギリスが君臨しているうえに、アメリカが道義性をかなぐり捨てて帝国主義国家に変質していったというわけです。

余談ですが、東京拘置所《こうちしょ》に入っていたとき、私は大川周明の『安楽の門』(出雲書房)という自叙伝《じじょでん》を読みました。第1章は「人は獄中《ごくちゅう》でも安楽に暮らせる」。第2章は「人は精神病院でも安楽に暮らせる」という内容です。檻《おり》の中でこの本のことを思い出して「なるほど、そうかもしれないな」と感じました。

檻から出てきたあと、神保町《じんぼうちょう》の古本屋で本を漁《あさ》っていたら、たまたま第一書房《だいいちしょぼう》(戦時中の国策出版社)から出た大川周明の『米英東亜侵略史』という本を見つけて買ったのです。「どうせひどいプロパガンダだろう」と思って読み始めたところ、レベルの高い内容でした。今申し上げたようなフェアな内容が語られ、なぜ太平洋戦争が始まったか冷静に分析しているのです。「完全に忘れ去られているが、これは非常によくできた本だ」と感心したものですから、私が解説をつけて復刻版を出版しました(『日米開戦の真実 大川周明著『米英東亜侵略史』を読み解く』小学館文庫)。ちなみに原本は、国会図書館デジタルコレクションで読むことができます。

安部——大川周明の見立てでは、イギリスとアメリカは同じ帝国主義国でも性格がだいぶ異なるわけですね。

佐藤——そのとおりです。大川周明は「米英可分論」を支持していました。同じ連合軍でも、アメリカにはまだフェアなところがあって、事実に即《そく》して話ができます。イギリスは本当に底意地が悪く陰湿《いんしつ》であり、民族差別や人種差別を平気でする国だ。だから、できるだけアメリカとイギリスを二つに分けたいというのが大川の考え方です。

残念ながらアメリカは道義性の看板を取り下げ、イギリスと同じような帝国主義国家になってしまった。大川周明の見立ては、意外と当たっているのではないでしょうか。

イギリスにおける黄色人種差別

安部——個人的な話ですが、イギリスの人種差別については僕も思い当たる経験があります。私の娘《むすめ》がイギリスに留学して、イギリス人の家でホームステイしていました。ところが「あなたたちは台所で食事してね」と言われ、イギリス人といっしょの食卓《しょくたく》は囲めなかったのです。こういった行為《こうい》はとても差別的だとは思いませんか。もちろん家によっては、ホームステイ中のアジア人といっしょに食事を取るイギリス人もいますけどね。

佐藤―私も外務省時代、イギリスの陸軍語学学校で勉強していた時期があるので、安部さんがおっしゃるお話はよくわかります。イギリスの場合、ホームステイには2通りあるのです。ホームステイの学生を異文化交流として受け入れる家庭に行った人は、だいたい良《い》い印象をもっています。

それに対して、家計の足しとしてホームステイを受け入れたところでは、今おっしゃったような事例があります。

安部―私の娘は異文化交流ではなく、家計の足しのほうでした。学生を受け入れれば留学協会からいくらか下宿料が払《はら》われるわけですから。要するに、そこの家族はおカネが目当てだったのでしょう。

佐藤―Ｂ＆Ｂ（bed and breakfast）と言って、イギリス人は自分の家の空き部屋にベッドを置いて、一晩の寝《ね》泊《と》まりと翌朝の朝食を提供する民宿をよくやります。ホームステイもそれと同じ感覚で、副業としてやる人が多いのです。自宅にやたらと人を入れたがらない日本人とイギリス人とでは、感覚がだいぶ違《ちが》うことを理解する必要があります。

■ 米西戦争と米比戦争

安部　先ほど米西戦争の話題がのぼりました。この戦争には「スペインの植民地支配からキューバを解放する」という大義名分がいちおうはあったわけです。ところが米西戦争の翌1899年、アメリカは米比戦争[*16]を開戦してフィリピンを侵略しました。ここでは「フィリピンを不当な植民地支配から解放する」という大義名分など何もなく、アメリカは帝国主義的な本性《ほんしょう》をむき出しにしています。

幸徳秋水《こうとくしゅうすい》[*17]は1901年出版の『廿世紀之怪物《にじっせいきのかいぶつ》　帝国主義』（『二十世紀の怪物　帝国主義』〈光文社古典新訳文庫〉）という本で、アメリカの変質ぶりを手厳しく批判しました。むき出しの帝国主義で進出するイギリスの影響《えいきょう》を受けながら、米西戦争と米比戦争によってアメリカは決定的に変質したのでしょう。

佐藤　そう思います。イギリスの影響を受けて変わったという点では、日本も同じです。日英同盟を組むことによって、日本は帝国主義的な権謀術数《けんぼうじゅっすう》がすごく好きな国に変わりました。

北清事変当時に北京籠城戦を展開した柴五郎

安部―日清戦争で大本営《だいほんえい》*18参謀《さんぼう》を務め、日露戦争でも指揮を執《と》った柴五郎《しばごろう》*19に僕はとても興味があるのです。北清事変が起きたとき、北京《ペキン》に駐在《ちゅうざい》していた各国の公使や中国人のキリスト教徒が、難を逃《のが》れて北京の公使館に籠城《ろうじょう》しました。そのとき日本は8000人とも1万人とも言われる軍勢を出して、絶望的なまでに不利な戦いに臨《のぞ》みます。この北京籠城戦で指揮を執ったのが柴五郎でした。

佐藤―北京籠城戦に勝利した柴五郎は公使たちを無事解放し、世界から称賛《しょうさん》されます。

安部―柴五郎はもともと会津藩《あいづはん》出身なのですが、会津戦争のあと、会津藩の武士は陸奥国《むつのくに》の斗南藩《となみはん》*20に飛ばされます。柴五郎はこのときものすごい苦労をしていまして、当時の思いをつづった手記を残しているのです。僕はむつ市大湊《おおみなと》まで出かけ、彼が真冬に暮らしていた場所を訪ねたことがあります。負け組として厳しい苦難を乗り切った経験があったからこそ、彼は北京公使館籠城戦のときに見事な活躍《かつやく》をしたのでしょう。

他方で、ここで大きな勘違《かんちが》いも起きます。柴五郎という日本人の的確な判断と振《ふ》る舞《ま》いに感嘆《かんたん》したイギリスで「こんなに優《すぐ》れた立派な日本人がいるのか。だったら日本は信用できそうだ」という世論が湧《わ》き起《お》こりました。

佐藤―日本人自身も「とうとう我々が世界に認められた」と勘違いしたでしょうね。

安部―柴五郎の勝利に舞《ま》い上《あ》がりながら、熱狂《ねっきょう》の渦《うず》のなかで戦争に突《つ》き進《すす》んでいった。そんな日本の姿が見えてきてならないのです。

▩嵐寛寿郎の映画「明治天皇と日露大戦争」

佐藤―安部さんが指摘された勘違いは、戦後になってもサブカルチャーの分野できちんと継承《けいしょう》されています。エロ映画で有名な新東宝という映画会社が「明治天皇と日露大戦争」という映画を作りました（1957〈昭和32〉年公開）。嵐寛寿郎《あらしかんじゅうろう》[*21]が明治天皇役です。それまで劇映画に天皇なんて出てきませんでしたから、みんなビックリしました。日本海海戦[*22]、北清事変、奉天《フェンティアン》会戦[*23]がパノラマのように描《えが》かれ、映画は大ヒットします。

それから12年後に東宝が「日本海大海戦」（69〈昭和44〉年公開）という映画を作りました。この映画も大ヒットします。「明治天皇と日露大戦争」と「日本海大海戦」という二つの映画によって「日本は戦争に勝った」というイメージが人々の記憶《きおく》に色濃《いろこ》く植えつけられました。

安部―岡本喜八《おかもときはち》*24監督《かんとく》の「日本のいちばん長い日」（67〈昭和42〉年公開）とはだいぶ趣《おもむき》が異なりますね。太平洋戦争に日本が敗戦し、ポツダム宣言*25を受諾《じゅだく》してから玉音放送《ほうそう》*26を流すまでの24時間を映画化しました。

佐藤―多くの戦争映画は、特攻隊《とっこうたい》*27であるとかひめゆり学徒隊*28であるとか「負けた戦争の中の悲惨さ」にフォーカスを当てて描いてきたわけです。「明治天皇と日露大戦争」や「日本海大海戦」は「勝った戦争に対する誇《ほこ》り」を熱狂的に描きました。

おもしろいことに、映画のテーマとして日露戦争モノが出てくるのは、必ず米ソ関係が悪い時期なのです。東西冷戦の雰囲気《ふんいき》が悪くなると、日露戦争モノが必ずと言っていいほど出てきます。ロシアとソ連を一体と見なして、反ロシア映画を思いきり作る。「我々は軍国主義を礼讃《らいさん》しているわけではないぞ」という理屈《りくつ》でエクスキューズ（言い訳）しつつ、勝ち戦《いくさ》である日露戦争を好意的に描くのです。

▩あおい輝彦と夏目雅子の反ロシア映画「二百三高地」

佐藤―１９７０年代から80年代初頭にかけて、ソ連は軍事力をものすごく増強しました。１９７９年にソ連によるアフガニスタン侵攻*29が勃発《ぼっぱつ》すると、「二百三高地」（１９８０〈昭和55〉

年公開）という映画が作られます。

安部― 仲代達矢《なかだいたつや》にあおい輝彦《てるひこ》、新沼謙治《にいぬまけんじ》、夏目雅子《なつめまさこ》、丹波哲郎《たんばてつろう》と豪華《ごうか》キャストでした。

佐藤― 「二百三高地」はいちばんの反ロシア映画と言っていいと思います。映画の中で、あおい輝彦のロシア語がけっこう上手なんです。フィアンセは夏目雅子です。あおい輝彦は御《お》茶ノ水駅《ちゃのみずえき》前のニコライ堂[＊30]に通いながらロシア語を勉強して、トルストイ[＊31]にも強い関心をもちます。「ロシアをよく理解する人間になりたい」と思いながら小学校の先生を務めるあおい輝彦は、日露戦争に召集《しょうしゅう》されてしまいました。

従軍する直前、彼は黒板に「美しい國《くに》　日本」「美しい國　ロシア」と書き置きを残して「絶対にこの言葉を消すなよ」と言い残します。ところが実際に戦場に行ってみると、極悪《ごくあく》非道なロシア人の姿を見て考えが変わりました。

安部― 「美しい國　ロシア」と言っていた人間が「ロシア人は全員が敵だ」と宗旨《しゅうし》変えするのですね。

佐藤― そうです。旅順の攻防戦《こうぼうせん》（旅順攻略）[＊32]のとき、苦しんでいるロシア人がいるから助けようとしたところ、それは偽装《ぎそう》でした。あおい輝彦はそのロシア人から刺《さ》し殺《ころ》されて、遺骨として帰ってきます。

憤《いきどお》ったほかの先生は「美しい國　ロシア」という黒板の文字をかき消してしまいました。夏目雅子はフィアンセとしてあおい輝彦の思いを噛《か》み締《し》めながら、もう一度黒板に「美しい國　日本」と書きます。続けて「美しい國　ロシア」と書こうとするのですが、「美しい國」と書いたあと、どうしても「ロシア」と書けません。そうして泣《な》き崩《くず》れるところで映画は終わります。

安部―夏目雅子をそんな不幸な目に遭《あ》わせたとなれば、映画を観《み》た人はみんな反ソ連の悪感情に包まれたでしょう。

佐藤―国際的に米ソの関係が悪くなるたび、こうしてロシアをとても悪く描く映画が作られてきたのです。サブカルチャーは多くの大衆が好んで目にします。そういう場所で繰《く》り返《かえ》し繰り返し刷《す》りこみがなされるやり方には、気をつけなければいけません。

■旧制第一高校の寮歌「アムール川の流血や」

安部―北清事変が起きると、義和団はアムール川[*33]（黒龍江《ヘイロンチャン》）沿岸の中国人居留区を占拠《せんきょ》しました。1900年8月、ロシア兵は清国の人間を大量虐殺《ぎゃくさつ》して沿岸地域を占領《せんりょう》します。ロシアが殺した人数は2万5000人という説もあり、アムール川が真っ赤に染まって死体であふれたそうです。

翌1901（明治34）年、旧制第一高等学校（現在の東京大学教養学部および、千葉大学医学部、同薬学部の前身）は「アムール川の流血や」という寮歌《りょうか》を作りました。この歌詞がすさまじい内容です。一部をご紹介しましょう。

〈アムール川の流血や　氷《こお》りて恨《うらみ》結びけむ／二十世紀の東洋は　怪雲《かいうん》空にはびこりつ〉
〈コサック兵の剣戟《けんげき》や　怒りて光散らしけむ／二十世紀の東洋は　荒浪《あらなみ》海に立ちさわぐ〉
〈世紀新に来れども　北京の空は山嵐《やまあらし》／さらば兜《かぶと》の緒《お》をしめて　自治の本領あらわさむ〉

佐藤――サブカルチャーを通じて、繰り返し繰り返し反ロシア感情、反ソ連感情が連綿とつながってきたのですよね。ウクライナ戦争が勃発した今、国家の公式言説として反ロシア感情が再び復活しています。100年以上にわたって日本人の地《じ》に「反ロシア」「反ソ連」が染《し》みついているので、ちょっとしたきっかけで日本人は簡単に反ロシアになびいてしまうのです。

安部――今頃《いまごろ》どこかの映画会社が、反ロシア映画を作っている真っ最中かもしれません。

佐藤──今は映画よりも、WOWOWやNetflixのほうが怖《こわ》いです。「二百三高地」のようなテーマを扱《あつか》った大型ドラマや映画がWOWOWやNetflixで放送されれば、波及《はきゅう》力は全然違いますから。

第2章　日露協商の挫折

日本とロシアとの軍事衝突の
危機が高まる東アジア。
戦争を回避するため、日露協商に
向けた交渉を開始する日本だが、
なぜ「日英同盟」を選択したのか。

■「同盟」と「協商」

安部― 日露《にちろ》戦争前夜の歴史をたどると、戦争を食い止められるかもしれなかった局面があります。１９０１（明治34）年５月に伊藤博文《いとうひろぶみ》[*1]首相《しゅしょう》が辞任すると、翌６月に桂太郎《かつらたろう》[*2]内閣が成立します。１９０１年10月には、ロシアが満州の主要地を占領《せんりょう》しました。

「日露協商」[*3]「満韓交換《まんかんこうかん》」[*4]を進めたかった伊藤博文前首相は、１９０１年12月２日からロシアの外務大臣と日露協商の交渉《こうしょう》を開始しました。しかし12月23日、交渉を打ち切って「日露協商」「満韓交換」は挫折《ざせつ》します。そして１９０２（明治35）年１月30日、ロンドンで日英同盟が調印されました。

佐藤― もし日露協商が実現していれば、日露戦争は開戦しなかったかもしれません。ただしかなり強い形で、日本はロシアの影響下《えいきょうか》に入ったでしょう。日露協商を潰《つぶ》した主役はイギリスです。イギリスは全力を挙げて日露協商をやめさせようとしました。

「同盟」と「協商」は大きく性格が異なります。イギリスやアメリカが結ぶ同盟は、血によって贖《あがな》う関係です。たとえ自国と直接関係ない戦争でも、同盟を結んだからには集団的自衛権[*5]が発動されて出動しなければいけません。それに対して協商は、まずお互《たが》いが戦争しないことを約束します。

安部―そのうえでどちらかの国が戦争に巻きこまれたとき、戦場まで助太刀《すけだち》に行くとは限りません。

佐藤―集団的自衛権を発動するかどうかは、その都度判断します。つまり現在の日本とアメリカとの関係は、「同盟」と「協商」の間ぐらいです。日本が攻撃《こうげき》されたときアメリカは必ず戦いますが、アメリカが攻撃されても日本が戦う義務はない。

ともかく、伊藤博文はそこに魅力《みりょく》を感じました。桂太郎や山縣有朋《やまがたありとも》＊6や小村寿太郎《こむらじゅたろう》＊7は日露戦争を厭《いと》わず、日英同盟を結びたい。伊藤博文はロシアとの戦争に巻きこまれたくなかったので、なんとかして日露協商を結ぼうと努力したのです。

▩日露協商ではなく日英同盟を選んだ理由

安部―1901年12月7日、日露協商と日英同盟のどちらを選ぶかを決める元老会議が開かれました。小村寿太郎外務大臣はこの席で「日露協商ではロシアの侵略《しんりゃく》主義の方針は変わらず、東洋の平和を一時的にしか保てない」と説明しています。また「日露協商を結ぶと、イギリスと敵対することになる。すると日本は、イギリスに対抗《たいこう》するために巨大《きょだい》な海軍力をもたねばならない」とも説明しました。これら二つの理由によって、小村寿太郎は日露協商に反対します。

日露協商ではなく日英同盟を選んだほうが、東洋の平和と安全を保ちやすいと小村は考えました。イギリスからの財政上の便益が得られることも、日本にとって大きな魅力だったはずです。イギリスの植民地との交易のチャンスが生まれることは、日本にとって魅力的な旨《うま》みでした。

佐藤　朝鮮半島《ちょうせんはんとう》や満州のいたるところにイギリスの租借地《そしゃくち》があるとか、イギリス人が大量に駐在《ちゅうざい》してビジネスをやっていたとすれば、話はだいぶ違《ちが》いました。朝鮮半島や満州にイギリスの巨大な権益が存在すれば、日英同盟は結ばれなかったはずです。

朝鮮半島と満州は、イギリスにとって空白地でした。イギリスが手を伸《の》ばそうにも、足がかりがどこにもなかったのです。他方で日本は、日英同盟当時の段階で上海《シャンハイ》あたりまで触手《しょくしゅ》を伸ばしていたわけではありません。朝鮮半島と満州において、日本とイギリスはうまく権益を棲《す》み分けられたのです。

なんにせよ、イギリスは世界中に手を広げすぎました。そのせいで、中国でもインドでもイランでも大変な状況《じょうきょう》です。

さらにイギリスは、フランスとアフリカの植民地政策をめぐり1898年にスーダンのファショダで衝突（ファショダ事件）します。また、ケープタウン、カイロ、カルカッタの3つの都市を結ぶ地域への勢力拡大（3C政策）をめざすイギリスは、ベルリン、ビザンティウム（イスタンブル）、バグダッドの3都市を結ぶ西アジア方面に進出（3B政策）しようとするドイツと衝突していました。イギリスとフランスの関係も、イギリスとドイツとの関係も緊張《きんちょう》状態にあったのです。

日英同盟は、さまざまな角度からお互いの利益が合致《がっち》する選択《せんたく》だったのです。

安部―日本にとって、日英同盟は自分たちの生き残りをかけたギリギリの選択でした。

佐藤―日英同盟を結べば、必然的にロシアと事を構えることになります。彼我《ひが》の国力の差を考えれば、この戦争に勝ち目はありません。事実、日本は日露戦争に負けなかっただけであって「勝った勝った」とは言えないわけです。

戦争の勝ち負けはどこに基準を置くのか。相手領の一部を占領できるかどうかです。ポーツマス条約[*8]（1905〈明治38〉年）で樺太（サハリン）の南半分を取ったときだって、実力行使によって奪《うば》い取《と》ったわけではありません。あれは交渉によって勝ち取っただけの話です。

安部―それにしても、日露協商ではなく日英同盟を選ぶにあたって、誰《だれ》が日本に知恵《ちえ》をつけたのでしょうね。日本側だけの知恵で、ここまで絶妙《ぜつみょう》な采配《さいはい》はできなかったと思います。

佐藤―日本とイギリスのうまい棲み分けに気づいた人が、桂太郎や小村寿太郎の背後にいたのではないでしょうか。

安部―僕もそう思います。イギリス人かどうかはわかりませんが、日本政府の御意見番《ごいけんばん》を務める外国人がどこかにいたのでしょう。

佐藤―私も外務省にいたからよくわかりますが、そういう本当に重要なことは記録に残らないのです。

■クリミア戦争と露土戦争

安部―ロシアによる満州進出と朝鮮半島進出は、もはや誰にも止められない大きな国家戦略でした。1853年から56年にかけて、ロシアはクリミア戦争[*9]を経験しています。オスマン・トルコ[*10]やイギリス、フランス、サルディーニャの連合軍と戦って、ロシアは敗北しました。

約20年後の1877年から78年には、露土《ろと》戦争[*11]が勃発《ぼっぱつ》します。バルカン半島にどうしても進出したかったロシアは戦争を引き起こし、オスマン・トルコに勝利しました。露土戦争の大義名分は「汎《はん》スラブ主義」です。

佐藤―「スラブの同胞《どうほう》をオスマン・トルコから解放し、スラブ系諸民族を一つに統合するのだ」という大義名分です。

安部―露土戦争に勝ったロシアは、勇んでバルカン半島で南下政策に踏《ふ》み切《き》ろうとします。するとドイツのビスマルク首相が「ちょっと待て」とくちばしを挟《はさ》み、ロシアがオスマン・トルコから受《う》け継《つ》ぐことになっていた地域の権利を取り消させました。戦争に勝ったにもかかわらず、南下政策の計画を潰されてしまうのです。もはや、バルカン半島ではロシアが進出する余地がなくなりました。

先のクリミア戦争で負けた挽回《ばんかい》をするために、ロシアは徴兵《ちょうへい》制を敷《し》いて急速に軍事強化を進めていきます。軍事力が充実《じゅうじつ》したおかげで露土戦争に勝ったものの、目標としていた権益を手に入れることはできませんでした。その腹いせの矛先《ほこさき》が、満州と朝鮮に向かっているのです。

ロシアは相当な戦略的確信をもって、露清同盟の密約によって東清鉄道《とうしんてつどう》*12を敷く権利を認めさせます。朝鮮においては高宗《こうそう》を取りこんで、ロシアの利権を認めさせる手はずを整えました。年表を眺《なが》めてみると、次々と手を打つロシアの戦略がよく見えてきます。

■1899年の馬山浦事件

安部―朝鮮半島へのロシアの進出は、日本にとっては具体的な脅威《きょうい》でした。1899（明治32）年4月に馬山浦《マサンホ》事件*13が起きます。馬山浦とは、釜山《プサン》のちょっと西側にある港町です。ロシアはここの租借権を朝鮮に要求し、囲いこみを始めました。その目的は、対馬海峡《つしまかいきょう》を通るロシア海軍の安全を守るためです。

この動きを、日本はなんとか阻止《そし》しなければいけませんでした。そこでロシアの租借地になりかけていた地域を、民間人に買《か》い占《し》めさせる対抗手段を採ります。ここで暗躍《あんやく》したのが大川周明《おおかわしゅうめい》であり、頭山満《とうやまみつる》*14など玄洋社《げんようしゃ》*15のグループでした。

1899年の時点で、こういうあからさまな進出が朝鮮半島で起こりつつあったのです。

さて、これにどう対応したものか。日露協商を結ぶか、はたまた日英同盟を取るか。日本は切羽詰《せっぱつ》まった二つの選択肢《せんたくし》を突《つ》きつけられました。

佐藤―おっしゃるとおりです。

■ロシアの国章に双頭の鷲が描かれている理由

佐藤―ロシアの国章は、ビザンツ帝国《ていこく》*16の時代から「双頭《そうとう》の鷲《わし》」です。

安部―赤地の上に二つの頭をもつ鷲が君臨し、東側と西側の両方ににらみを利《き》かせています。

佐藤―とはいえ実際には、東西両方で同時に拡大戦略を採ることはできません。おもしろいことに、東方でロシアの活動が活発になる時期は、必ず西側でロシアが手詰《てづ》まりになっているのです。

１９９７（平成９）年、橋本龍太郎《はしもとりゅうたろう》首相《しゅしょう》が経済同友会の演説で「ユーラシア外交」*17を提唱しました。ちょうどこの時期に、ＮＡＴＯ（北大西洋条約機構）の第１次東方拡大が進んでいたのです。ヨーロッパが手詰まり状態に陥《おちい》ったため、ロシアはアジア太平洋との関係を強化していこうとしました。その思惑《おもわく》に、橋本首相の「ユーラシア外交」がうまくハマったのです。そのあと２００２（平成14）年あたりまで、日露関係は非常に良好に進みました。あと少しで北方領土問題が動きそうなところまで、日露の対話が進んだものです。

２０１８（平成30）年からウクライナ戦争が始まるまでの数年間も、日露関係は比較的《ひかくてき》良好でした。

安部―第2次安倍《あべ》政権の時期です。

佐藤―2018年11月、安倍晋三《しんぞう》首相とプーチン大統領はシンガポール合意[*18]を結びました。北方四島の一括返還《いっかつへんかん》を要求するのではなく、まずは歯舞群島《はぼまいぐんとう》と色丹島《しこたんとう》を引き渡《ひわた》すという日ソ共同宣言[*19]（1956〈昭和31〉年）に立ち返ることを、両者は確認《かくにん》しています。このときもウクライナ問題で西側が手詰まり状態だったため、ロシアは東側の関係改善へ舵《かじ》を切ったのでした。

東方にロシアが進出するとき、平和的、外交的な方法で影響《えいきょう》を拡大する選択肢を採る場合もあります。

安部―日露戦争の直前にも、同じことが起こったということですね。

佐藤―日露戦争前夜のあの時期は、ロシアが選んだ選択肢は「武断政治」でした。ロシアはすでに「武力によって東アジアでの影響力を拡大する」という方針を決めてしまっています。したがって日本が協商を結んだところで、それが一時的な和平であることは明白でした。

ロシアとの戦争を避《さ》けるために協商を進めたい伊藤博文でしたが、一方でロシアの思惑はよく見えていたのです。あの巨大な国と協商を結べば、日本で将来何が起きるか。伊藤博文は本当に怖《こわ》かったはずです。それに対してその他の元老たちは「ロシアと事を構えるまでの時間稼《じかんかせ》ぎとして、一時的な協商を結んだとしよう。それが日本に有利だという保証がどこにあるのか。日露協商を結ぶよりは、イギリスと同盟関係を結んだほうがよっぽどマシだ」と考えました。

▩国境を接していない国とはなぜか仲良くできる

佐藤―日露協商ではなく日英同盟を選択した大きな理由として、先ほど朝鮮、満州、上海での権益が、日本とイギリスの間で棲み分けられていたという話をしましたが、もうひとつの理由として、日本とイギリスが直接国境を接しておらず、利害関係が薄《うす》い点もあります。世界地図を眺めながら、頭の中で近現代史をざっと振《ふ》り返《かえ》ってみましょう。日本と韓国《かんこく》の関係はどうでしょうか。

安部―１００年以上にわたって、良《い》いとは言えない状態が続いています。日本と中国の関係も、悪い時期のほうが多いです。

佐藤―ところが日本とモンゴルの関係は、非常に良い時期がずっと続いています。

安部―「嫌韓《けんかん》」「嫌中《けんちゅう》」のけたたましい言説が叫《さけ》ばれても、「嫌《けん》モンゴル」の言説なんて聞いたことがありません。「国技」を標榜《ひょうぼう》していながら、相撲《すもう》の世界では多くのモンゴル人が活《かっ》躍《やく》しています。

佐藤――中国と韓国とは海を挟んで国境が接しているため、どうしたって利害が正面から思いきり衝突《しょうとつ》してしまうのです。モンゴルは国境を遠く隔《へだ》てているため、日本と国益がいきなりぶつかりはしません。他方で中国とモンゴルの関係はどうかといえば、両者は国境を接しているため、仲が悪いのです。

ウクライナのいちばん西の端《はし》っこにウジホロド[20]という地域がありまして、ここでルシン人[21]が暮らしています。彼らは「自分たちは10世紀の古代ルーシの末裔《まつえい》だ」という意識をもっているのです。ルシン人はロシア人やチェコ人が大好きでして、ウクライナ人やスロバキア人のことは嫌《きら》います。

ロシア人はルーマニア人が嫌いだし、ルーマニア人はロシア人が嫌いです。ルーマニア人はブルガリア人を嫌い、ブルガリア人はルーマニア人を嫌います。ブルガリア人はロシア人が好きであり、ロシア人もブルガリア人が好きです。理由は何か。要するに、国境を接していない国はだいたい関係が良好なのです。

今よりはるかに国際的だった明治期の政治家

佐藤――日英同盟を推進した桂太郎は、ドイツへの留学経験があります。山縣有朋は欧米を視察したことがあります。だから重要な決め事をする前に、ヨーロッパの有識者といつでもすぐ相談できる人的ネットワークをもっていたはずです。今の日本の政治家と比較《ひかく》すると、明治期の政治家のほうがずっと国際的でした。

安部――同感です。伊藤博文なんて、江戸《えど》時代末期の１８６３（文久３）年の段階でイギリスに約２年留学しました。１８７１（明治４）年から73（明治６）年には岩倉使節団*22に参加して、アメリカやヨーロッパ諸国を外遊しています。大日本帝国《だいにっぽんていこく》憲法を策定するにあたり、１８８２（明治15）年から翌年にかけてドイツやオーストリアなどで憲法調査にもあたりました。

佐藤――これだけ外遊の経験が豊富にあれば、当然欧米《おうべい》諸国で交友関係を作り、連絡《れんらく》を取れる政治家や有識者が大勢いたはずです。ここで桂や山縣、伊藤とは対照的な政治家の名前が思《おも》い浮《う》かびます。東條英機《とうじょうひでき》*23に外国人の友人はいたでしょうか。

安部――いなかったでしょうね。

佐藤――中華民国《ちゅうかみんこく》の汪兆銘《おうちょうめい》*24なんかは、だいぶ後で親しくなっただけの話です。東條とは対照的に、明治期の政治家はとても国際的でした。

安部―日露協商を志向していた伊藤博文は、アメリカ出張のついでにロシアのサンクト＝ペテルブルクに寄って、ロシアの外務大臣と果敢《かかん》に交渉しました。これはあくまでも推測ですが、このとき伊藤は山縣と緊密《きんみつ》に連絡を取り合っていたのでしょう。イギリスとロシアのどちらを選んだほうが、日本にとって有利か。二股《ふたまた》をかけながら交渉を進めれば、交渉を少しでも有利に進めることができます。

佐藤―相見積もりを取るようなものですからね。

安部―伊藤博文が亡《な》くなったとき、山縣有朋が「かたりあひて　尽《つ》しゝ人は　先立ちぬ　今より後の　世をいかにせむ」という一首を詠《よ》みました。安倍晋三元首相の国葬《こくそう》の場で、菅義《すがよし》偉前《ひで》首相がこの句を紹介《しょうかい》して話題になりました。立場や考え方、主張の違いを超《こ》えて、山縣と伊藤は難局をなんとか乗り切ろうとしていたのです。

佐藤―伊藤博文にとって、体制のあり方はイギリスよりもロシアのほうが魅力がありました。帝政《ていせい》ロシアでは皇帝《こうてい》を中心として官僚《かんりょう》の体制が組まれ、民意は無視して統制を進められたわけです。大日本帝国憲法はプロイセンの憲法に近いのですが、刑法《けいほう》体系はロシアに非常に近い形で作られました。

安部―たしかにおっしゃるとおり、前著『維新《いしん》から日清《にっしん》戦争篇《へん》』でも触《ふ》れましたが、伊藤博文たちが憲法草案を作るとき、イギリスの憲法体系は否定していました。

佐藤―プロイセンやロシアのような専制国家が、伊藤博文にとって魅力的だったのです。

▒生き残りをかけたギリギリの選択

佐藤―イギリスを取るかロシアを取るか。生き残りをかけた選択を決めるとき、小村寿太郎や伊藤博文は胃袋《いぶくろ》が引きちぎれるような緊張感だったでしょう。

安部―崖《がけ》っぷちに追いやられて脂汗《あぶらあせ》をかいていたはずです。明治維新以来、内から外へ向かって果敢に突《つ》き進《すす》んで日清戦争に勝ちはしたものの、弱体化した清国より何倍も強い敵と向き合わなければならなくなりました。帝国主義国家の道を選んだ日本に突きつけられた宿命です。

佐藤―日清戦争までは、パチンコ好きのおっちゃんみたいなものだったのですよね。パチンコ屋にときどき出入りして小遣《こづか》いの一部を張るくらいであれば、火遊びとまでは言えません。ところが日清戦争で大勝ちしちゃったものだから「もうあなたが行く場所はパチンコ屋ではありません。特別にご招待しますから、次からはぜひ鉄火場《てっかば》（賭場《とば》）に来てください」と引きこまれてしまいました。
安部――それはいい喩《たと》えだ（笑）。
佐藤――鉄火場に行ってみたらパチンコ屋とはだいぶ雰囲気《ふんいき》が違っていて、「丁方《ちょうかた》ねえか、半《はん》方《かた》ねえか」と急《せ》かされてものすごい金額が飛《と》び交《か》っています。イギリスとロシアという博徒《ばくと》の親分みたいな国から「オレと組むのか。それともあいつと組むのか」とギロリとにらまれる。

ちょっとしたギャンブル好きだった商店街のおっちゃんが、誰かに誘《さそ》われてノコノコ鉄火場なんかに出かけたら、だいたいロクなことにならないでしょ。そこにいるのはプロのとんでもない博徒なんですから。しかもプロの中でも総長級です。ロシアの皇帝とかイギリスの首相なんて、博徒の大親分みたいなものですからね。
安部――およそ身《み》の丈《たけ》に合っていないのに、日本は無防備に総長賭博《とばく》に突っこんで全財産を張っちゃったわけですね。イギリスとロシアのどちらかを選ぶしかない。もう逃《に》げられない。あとには引けない。
佐藤――あとは先に進むしかない。「しかしおまえたち、先もないぞ」という命がけのケンカだったわけです。

■日露戦争の引き金となった東清鉄道の建設

安部―一時期日本は、満州の利権と朝鮮半島の利権をロシアと分け合いながら活路を見いだそうとしました。ところがロシアは、最初からそうした交渉に応じる気はありません。

佐藤―なぜ日本との交渉に応じる余地がなかったのでしょう。交渉を始めた段階で、ロシアがすでに東清鉄道の建設に着手していたからです。東清鉄道は、日露戦争開戦前年の１９０３年に営業を開始しました。するとハルビンから大連《ターリエン》まで兵員と兵器の輸送ができることになります。

　鉄道を通すということは「我々は戦争ができる体制を構築しますよ」と言っているに等しいのです。東清鉄道敷設《ふせつ》計画がすでに前に進んでいるのに、日本から「優先権を認めてやる」と言われてもナンノコッチャですよ。「優先権を認めるだと？　朝鮮半島におけるオレたちの優先権を認めて、日本は朝鮮半島にはいっさい出てこない。これぐらいの条件を呑《の》むならいいだろう」というぐらいの感じですよね。

安部―ロシアにとっては、日本は取引に応じる価値すらない対象でした。

佐藤―ロシアは最初からケンカ腰《ごし》なんですよ。「鴨緑江《アムノッカン》（満州と朝鮮の国境としての川）を超えた岸辺にイスを一つ置かせてくれ。イスを一つ置くだけだから構わないだろう」みたいな感じですから、背中に倶利迦羅紋紋《くりからもんもん》が入ったおっかないテキ屋といっしょですよね。一つイスを置かせたら、そのあとどうなるかわかりません。ちょっとでも権益を認めたら、どんどん権益を広げられて朝鮮半島を全部取られてしまう危機感が日本にはありました。

その点、イギリスの影響力は清国の南部では思いきりありましたけれども、満州においてはまったく影響力はありません。朝鮮半島にもイギリスの足がかりはありませんでした。日本にとって、イギリスは当面のところ脅威ではなかったのです。

安部―もし日露協商を結んでいたら、国力の差に押《お》されて日本はロシアに屈服《くっぷく》せざるをえなくなっていました。北緯《ほくい》39度線が38度線に、さらには37度線へと押しこまれ……。

佐藤―九州の玄界灘《げんかいなだ》まで押しこまれていたかもしれません。

■軍事施設としての鉄道

安部―日露協商を結んだあとロシアから押しこまれ、一方でイギリスの支援《しえん》も得られない窮《きゅう》地《ち》に陥ったとき、日本がアメリカの支援に頼《たよ》る選択肢はあったかもしれません。最後の逃《に》げ道《みち》ですが。

佐藤―そのアメリカも頼りにはなりませんでしたから、やはり日露協商ではなく日英同盟を選ぶしか選択肢はありませんでした。なにしろ日露戦争が終わるや否《いな》や、アメリカのハリマン財閥《ざいばつ》の総帥・エドワード・ハリマン[*25]がすぐさま南満州鉄道[*26]（満鉄）を買いつけに来たほどですからね。

安部―ハリマンは日本とアメリカの2国間で満鉄を共同管理しようと呼びかけたものの、小村寿太郎外務大臣の猛反対《もうはんたい》によって計画は頓挫《とんざ》しました。

佐藤―先ほどの繰《く》り返《かえ》しになりますが、当時の鉄道は今の鉄道の感覚とは違います。鉄道とは軍事施設《しせつ》そのものなのです。鉄道を敷いたあと、敷いた国が沿線を警備します。すなわち鉄道のまわりに軍隊を派兵するのです。戦時中、関東軍が従事した基本業務の一つは満鉄の警備でした。

東清鉄道ができたあと、線路に沿ってロシア軍が入ってきたのは当然です。日露戦争前夜の日本には、まだ大陸に鉄道を敷くほどの力はありませんでした。鉄道敷設戦という軍事作戦において、日本はすでにロシアに負けていたのです。

■チベット問題とモンゴル問題は一つのパッケージ

佐藤─ロシアがモンゴルに入って影響力を伸ばしてきた動きも、現在につながる興味深い現象です。なぜロシアが歴史的に、モンゴルで影響力を伸ばしたがるのでしょう。モンゴルで完全に影響力を確保できれば、チベットに進出できるからです。

日露戦争よりずっとあとの話ですが、1920年代、30年代にイギリスとソ連の間で不思議な協力関係が生じました。ソ連はチベットにおけるイギリスの優越《ゆうえつ》権を認め、イギリスはモンゴルにおけるソ連の優越権を認めるのです。

つまりチベット問題は、実はモンゴル問題と合わせて一つのパッケージなのです。さらに言えば、チベット独立とモンゴル、内蒙古《うちもうこ》の独立もまた一つのパッケージと言えます。ウイグルとともに、内モンゴルやチベットは中国にとって非常に深刻な問題です。

安部─月刊誌『潮』の連載《れんさい》のために中国へ取材旅行に出かけたとき（『シルクロード　仏の道をゆく』〈潮出版社〉として発刊）、いたるところに「中華《ちゅうか》民族を作るのだ」というスローガンが書かれた横断幕が掲《かか》げられていたのが印象的でした。

佐藤─中国は早いところ漢人とかモンゴル人、ウイグル人といった対立をなくして、一つの中華民族を作りたい。「一つの中国」作りに成功したのが女真族《じょしん》*27でした。女真族、満州族*28は今ほとんど中国にはいません。中華民族としてほとんど同化してしまったからです。「植民地支配されていた間、中国は日本にあれだけひどいことをやられた。多様な民族が存在すること自体が諸悪の根源だ」といった考えに、中華人民共和国は至ったわけです。だから女真族というアイデンティティーそのものを、50年がかりでなくしてしまいました。

安部─人種問題、民族問題の軋轢《あつれき》を乗《の》り越《こ》えるには、「21世紀の中華民族」という新しい概《がい》念《ねん》を打ち立てるしかありません。

佐藤─それと同じことをやっているのが、今のウクライナです。ゼレンスキー大統領は盛《さか》んに総動員体制を煽《あお》り立《た》てて、「ウクライナ民族」という概念を新たに作りたがっています。

しかし、ちょうどウイグル人やチベット人が「嫌《いや》だ。中華民族には入りたくない」と反発しているように、クリミア半島やドネツィク州、ルハーンシク州で暮らす多くのウクライナ人は「ゼレンスキーのウクライナには入りたくない」と言っているわけです。結局のところ、上からいくら力で押さえつけたところで「一つの民族」は作れません。力で押さえつければ、必ず力による反発が湧《わ》き起《お》こるに決まっているのです。

第3章

日露戦争の前哨戦としての日英同盟

日英同盟を経て、ロシアとの
戦争へと突き進む日本――。
国内では主戦論、非戦論が渦巻くなか、
地球市民主義的観点から日露戦争を
俯瞰した夏目漱石の思想に刮目せよ。

■「名誉ある孤立」「光栄ある孤立」路線の転換

安部―１９０２（明治35）年１月30日、ロンドンで日英同盟が調印されました。これによって、清国におけるイギリスの特殊《とくしゅ》権益、さらには清国と朝鮮半島《ちょうせんはんとう》における日本の特殊権益を相《そう》互《ご》に承認《しょうにん》しています。日本とイギリスいずれかがどこかの国と戦争を始め、戦争の相手が２国以上に発展したときには、同盟国として参戦することも取り決めました。

佐藤―日英同盟が成立するまで、イギリスは「名誉《めいよ》ある孤立《こりつ》」「光栄ある孤立」を保ってきました。どこの国とも同盟を結ばない路線を、日英同盟によって転換《てんかん》したわけです。イギリスが弱くなってきた証《あかし》とも言えるでしょう。

もう一つ重要なのは、日英同盟によって帝国《ていこく》主義的な外国間の対立図式ができあがったことです。日英同盟を結ぶ前まで、イギリスはフランスと対立し、日本はロシアと対立していました。フランスは露仏《ろふつ》同盟*1を結んでいます。ということは、イギリスとフランスが戦争になったとき、日本はフランスを敵に回すことになるわけです。

安部―日本とロシアが戦争になったときには、イギリスは日本の側に立ってロシアを敵に回すことになります。

佐藤──そういう構図ができあがりました。近代的な帝国主義的戦争、第１次世界大戦*2の先駆《さきが》けのような感じです。ただし実際に日露《にちろ》戦争が始まってみると、まだ日英同盟は抑制《よくせい》が効いていました。イギリスは集団的自衛権を発動せず、日露戦争に自国の兵士は送っていません。

抑制が効いているという意味では、ちょうど今の日米同盟みたいですよね。アメリカが始めた戦争に、日本は自衛隊員を直接送りませんから。ただし日英同盟は抑制が効いているといっても、構図としては非常に物騒《ぶっそう》です。何かのきっかけで、局地戦が世界戦争につながる可能性がありましたから。

安部──今のウクライナ戦争とも通底しますね。ロシアとウクライナの局地戦ではあるものの、局地戦が大きく広がって第３次世界大戦にまで発展する可能性は排除《はいじょ》されません。日露戦争前の状況《じょうきょう》とよく似ています。

佐藤──そこは類似《るいじ》的に見てもいいと思います。ウクライナはＮＡＴＯ（北大西洋条約機構）加盟国ではありません。ウクライナを助けるために、ＮＡＴＯが集団的自衛権を発動することはありません。ただしアメリカを中心とするＮＡＴＯは直接兵士を送り込《おくこ》む以外のあらゆる支援《しえん》をウクライナに対して行《おこな》っています。その意味では、今のウクライナ戦争はとても日露戦争的なのです。ただし、この局地戦が第３次世界大戦にまで発展しないとは言い切れません。

安部―同盟機能がひとたび動き出せば、人類は第1次世界大戦や第2次世界大戦の轍《てつ》を踏《ふ》むことになります。

▩日露戦争の肚を決めて結んだ日英同盟

安部―第2章でも語り合ったとおり、当時の日本としては日英同盟以外に選択肢《せんたくし》がありませんでした。日本がロシアと戦う肚《はら》を決めて選択《せんたく》した同盟であって、条件整備のための同盟とも言えます。

イギリスとしては、日露戦争に巻きこまれたくはありません。日露戦争に巻きこまれたくはないけれども「日本がロシアと戦ってロシアの力を弱めてくれたら、その間に自分たちが中国における利権を拡大できる。いいチャンスだ。日露戦争が終わったあとには、日本を捨て駒《ごま》にしてもよかろう」というくらいの戦略は立てていたはずです。

他国の人間同士を戦わせて、イギリス軍が割《さ》くエネルギーを省力化し、その間に自分たちの権益を拡大してしまう。まるで将棋《しょうぎ》やチェスのようなゲームです。

佐藤―日英同盟によって、日本は戦費調達のための外債《がいさい》をイギリスで募《つの》れるようになりました。日本はイギリスに財政援助《えんじょ》を申し込むのですが「カネはねえ」とあっさり断られてしまいます。同盟関係をひとたび結びはしたものの、身銭《みぜに》を切ったり戦場で血を流してまで、日本に深入りする気は最初からありませんでした。

安部―日英同盟とは、その程度の浅さだったのです。

▩日清戦争の10倍までコストが膨らんだ日露戦争の戦費

安部―イギリスは世界中に戦争の手を広げすぎて、日本に人的支援や財政支援をする余裕《よゆう》がなかったのでしょうね。

佐藤―日露戦争で、実際にどれぐらい軍事費がかかったのでしょう。臨時軍事費が17億46 42万円、関連の各省の臨時軍事費は2億3970万円、合計で20億円近くです（海野福寿著『日本の歴史⑱　日清・日露戦争』集英社、149頁）。

安部―日清《にっしん》戦争の戦費が2億円ですから、戦費は一気に10倍まで膨《ふく》らみました。

佐藤―『日本の歴史⑱　日清・日露戦争』（149頁）にこういう記述があります。

〈開戦を決意したというものの、軍事的にも、財政的にも限界があり、短期・局地戦で勝利し、イギリス・アメリカの調停で矛《ほこ》を収め、朝鮮の植民地化とひきかえに、満州を列国に開放する、という筋立てで戦争に踏み切ることになった。

「今回の戦は朕《ちん》が志にあらず」と慨嘆した明治天皇や、戦争を避けながら朝鮮侵略を策した伊藤博文《いとうひろぶみ》はもとより、陸海軍首脳にしても勝利の見通しははなはだ心もとないものであった〉

結果的にたまたま勝利はしたものの、日露戦争は勝つか負けるかわからない危険な博打《ばくち》だったのです。

安部―動員兵力はまったく違《ちが》いますし、大負けしてロシアの属国になる可能性もありました。

佐藤―この日露戦争に勝ったことが、非常に悪い成功体験になってしまいました。「とにかく闇《やみ》討《う》ちでも何でもいいから、緒戦《しょせん》で勝って局地戦で勝利する。大局については考えなくてもいい。そうすれば誰《だれ》かが仲介《ちゅうかい》に立ってくれて、我が国は有利な情勢になるだろう。これが戦争のあり方だ」。日露戦争の勝利によって、日本はこういう成功体験を積んでしまいました。

日露戦争の次に日本が参加した大きな戦争は、第1次世界大戦〈1914〈大正3〉～18〈大正7〉年）です。あのときはあとから火事場泥棒《どろぼう》的に参戦し、権益だけは非常に多く取れました。非常にコストパフォーマンスがいい戦争だったわけです。さすがに1939（昭和14）年のノモンハン事件＊3あたりで、「緒戦で勝って局地戦で勝利すればいい」という短兵急《たんぺいきゅう》な作戦がまずいことに日本も気づいたでしょうけどね。

■日英同盟に対抗するための満州還付条約

安部―1902（明治35）年1月に日英同盟が結ばれると、同年4月にロシアは清国に急接近します。満州還付《かんぷ》条約＊4（交収東三省《とうさんしょう》条約）を結んで、満州地域にある三つの省（黒龍江《ヘイロンチャン》省・吉林《チーリン》省・奉天《フェンティアン》省〈現在の遼寧《リャオニン》省〉）を清国に返還《へんかん》しました。三つの省からの撤退《てったい》を約束した理由は「日英同盟に対抗《たいこう》して、清国との関係をガッチリ強化しよう」という思惑《おもわく》にほかなりません。

佐藤―第1次満州撤兵《てっぺい》はやったものの、ロシアはそれ以上東アジアから引きはしませんでした。

安部―満州還付条約を結びながら「いずれ戦争によって決着をつけるしかない」と決意していたのでしょう。だから「森林保護」を名目として、1903年5月に鴨緑江《アムノッカン》（満州と朝鮮《ちょうせん》の国境としての川）で龍巌浦《ヨムアムポ》事件を引き起こし、ロシア兵を進駐《しんちゅう》させるのです。

ロシアがここに兵を入れて租借地《そしゃく》を作ったことに、日本はいち早く抗議《こうぎ》します。いわば日露戦争の前哨戦《ぜんしょうせん》です。龍巌浦事件が起こったわずか2カ月後に、ロシアは東清鉄道《とうしんてつどう》を全線営業させました（1903年7月）。第2章で佐藤さんが説明されたように、東清鉄道の営業と同時に、ロシア軍が防衛のために一気に清国に入ってきます。

佐藤―一連の流れを振《ふ》り返《かえ》ってみると、日露戦争開戦は必然的でした。

安部―日英同盟を結んでから、日本はまさに全財産を同盟に賭《か》けて戦争という大勝負に打って出たのです。

■東京帝国大学教授7人による「大学七博士の意見書」

佐藤―1903（明治36）年6月、東京帝国大学の戸水寛人《とみずひろんど》教授ら7人の学者が、「東京朝日新聞」（現在の「朝日新聞」）で日露戦争開戦を訴《うった》えました。

安部―いわゆる「七博士事件」ですね。

佐藤―漢文調なので読みにくいですが、句読点を補って一部をご紹介《しょうかい》しましょう。

〈噫我国《ああわがくに》は既《すで》に一度遼東《リヤオトン》の還附《かんぷ》に好機を逸《いっ》し、再び之《これ》を膠州湾《チャオチョウ》事件に逸し、又《ま》た三度《さんど》之《こ》れを北清事変《ほくしんじへん》に逸す。豈《あ》に更《さら》に此覆轍《このふくてつ》を踏んで失策を重ぬべけんや。（略）特に注意を要すべきは極東の形勢漸《ようや》く危急に迫《せま》り、既往《きおう》の如《ごと》く幾《いく》回も機会を逸するの余裕を存せず。今日の機会を失へば遂《つい》に日清韓《かん》をして再び頭を上ぐるの機なからしむるに至るべきこと是《こ》れなり。（略）極東現時の問題は必ず満洲の保全に付て之を決せざるべからず。若《も》し朝鮮を争議の中心とし、其《その》争議に一歩を譲《ゆず》らば是れ一挙して朝鮮と満洲とを併《あわ》せ失ふことゝなるべし。（略）吾人《ごじん》は故《ゆえ》なくして漫《みだ》りに開戦を主帳するものにはあらず。又吾人の言議の適中して後世より先覚予言者たるの名称《めいしょう》を得るは却《かえっ》て国家の為《た》めに嘆《たん》ずべしとするものなり。噫我邦人《ああわがくにびと》は千歳《せんざい》の好機の失ふべからざることを注意せざるべからず。又此好機を失はゞ遂に我邦の存立を危うすることを自覚せざるべからず〉（一部原文の句読点を変更した箇所がある。また傍点は省略した）

安部―まことに勇ましい限りです。日本は背水の陣《じん》に立たされている。生きるか死ぬかだ。すでに戦争をやるしかない状況なのだ。東京帝国大学や学習院の学者たちが「日本は早く開戦せよ」と日露戦争開戦を煽《あお》り立《た》てました。自分たちが恐《おそ》ろしい底なし沼《ぬま》に足を踏《ふ》み入《い》れようとしていることを、当時の日本人がどれぐらい意識していたのでしょうね。

佐藤―民衆の側は、ほとんど意識していなかったと思います。「巨大帝国《きょだいていこく》の清国に日本は勝った。勝った勝った」とみんなが大喜びして「日本はものすごく強い国だ」と熱狂《ねっきょう》していたわけです。前著「維新《いしん》から日清戦争篇《へん》」で、日清戦争によって日本が得た金額について具体的にご紹介しました。

安部―戦死者は出たものの、その見返りに国家予算3年分の賠償金《ばいしょうきん》を勝ち取ったというお話でした。

佐藤―「たとえそれなりの数の兵士を失っても、戦争するだけでこんなに儲《もう》かるのか。戦死者が一人出るたび、普通《ふつう》の人間の生涯《しょうがい》所得の100倍ぐらい儲かるぞ」「こんなに儲かるんだったら、戦争ほどいいものはない。ロシア、何するものぞ」。戦争を止めるべき東京帝国大学の教授たちですら「戦争はすばらしい」という常軌《じょうき》を逸した感覚に陥《おちい》っていきました。

■夏目漱石『吾輩は猫である』で描かれる日露戦争

佐藤―日露戦争について考え直すにあたって、我々が注目すべき人物は夏目漱石《なつめそうせき》だと私は思います。夏目漱石が小説家としてデビューしたのは、まさに日露戦争〈1904〈明治37〉年

2月～1905〈明治38〉年9月）の時期でした。

安部―愛媛県の松山中学校で英語教師を務めたあと、2年余りのイギリス留学を経て1903（明治36）年に旧制第一高等学校教授に就任します。1905（明治38）年1月から1906（明治39）年8月にかけて、文芸誌『ホトトギス』にデビュー作『吾輩《わがはい》は猫《ねこ》である』を連《れん》載《さい》して、おおいに話題になりました。

1907（明治40）年には「東京朝日新聞社」に専属作家として入社し、新聞紙上で『三《さん》四郎《しろう》』『それから』『こゝろ』といった名作を次々と書きまくります。

佐藤―『吾輩は猫である』の中で、日露戦争について次のような記述があります。

〈元朝早々主人の許《もと》へ一枚の絵端書《えはがき》が来た。是は彼の交友某《ぼう》画家からの年始状であるが、上部を赤、下部を深緑りで塗《ぬ》って、其の真中《まんなか》に一の動物が蹲踞《うずくま》って居る所をパステルで書いてある。（略）小さな声で一体何をかいたのだろうと云《い》う。主人は絵端書の色には感服したが、かいてある動物の正体が分らぬので、先《さ》っきから苦心をしたものと見える。そんな分らぬ絵端書かと思いながら、寝《ね》て居た眼《め》を上品に半ば開いて、落付《おちつ》き払《はら》って見ると紛《まぎ》れもない、自分の肖像《しょうぞう》だ〉

〈吾輩の肖像が眼の前《まえ》にあるのに少しも悟《さと》った様子もなく今年は征露《せいろ》の第二年目だから大方熊の画だろう抔《など》と気の知れぬことをいって済《すま》して居るのでもわかる〉

苦沙弥《くしゃみ》先生が「今年は日露戦争の2年目だから、年賀状に描いてあるのはクマの画だろう」と呑気《のんき》なことを言っているわけです。『吾輩は猫である』には、こういう一節もあります。

〈先達中《せんだってじゅう》から日本は露西亜《ロシア》と大戦争をして居るそうだ。吾輩は日本の猫だから無論日本贔負《びいき》である。出来得《う》べくんば混成猫旅団を組織して露西亜兵を引っ掻《か》いてやりたいと思う位である。かく迄に元気旺盛《おうせい》な吾輩の事であるから鼠《ねずみ》の一疋《いっぴき》や二疋《ふたひき》はとろうとする意志さえあれば、寝て居ても訳なく捕《と》れる〉

安部―『吾輩は猫である』の全篇《ぜんぺん》を通じて、戦争について切羽《せっぱ》詰まった感じ、鬼気《きき》迫《せま》る感じはまったくありません。

佐藤―日常生活とは切《き》り離《はな》された遠い場所で、戦争が戦われているイメージです。苦沙弥先生が高揚《こうよう》して浮《う》かれている感じもありません。

▩ 苦沙弥先生と東風君、寒月君の対話

佐藤　『吾輩は猫である』から、苦沙弥先生と東風《とうふう》君や寒月《かんげつ》君が話をしている場面もご紹介しましょう。

〈「大和魂《やまとだましい》！と叫《さけ》んで日本人が肺病やみの様な咳《せき》をした」

「起し得て突兀《とっこつ》ですね」と寒月君がほめる。

「大和魂！と新聞屋が云う。大和魂！と掏摸《すり》が云う。大和魂が一躍《いちやく》して海を渡《わた》った。英国で大和魂の演説をする。独逸《ドイツ》で大和魂の芝居《しばい》をする」

（略）

「大和魂はどんなものかと聞いたら、大和魂さと答えて行き過ぎた。五六間行ってからエヘンと云う声が聞こえた」

「その一句は大出来だ。君は中々文才があるね。それから次の句は」

「三角なものが大和魂か、四角なものが大和魂か。大和魂は名前の示す如く魂《たましい》である。魂

であるから常にふらくして居る」〉

漱石が、為政者《いせいしゃ》とも民衆ともちょっと違った知識人の目をもっていたことがうかがえます。おそらく漱石は、日英同盟なんていいものだとは思っていなかったのでしょう。

安部―1900（明治33）年9月に日本を出発した漱石は、1903（明治36）年1月に帰国するまでイギリスに留学していました。この間、1902（明治35）年1月に日英同盟が結ばれています。

佐藤―ちょうどこのときイギリスにいた漱石は、イギリスがどういう国かよくわかっていました。意外と漱石の日露戦争観が重要だと思うのです。戦争の熱気に民衆が巻きこまれ、帝国主義化がますます進んでいく。さらなる戦争に歩み出せば、日本は国家存亡の危機に陥りかねません。

そのとき漱石は、個人主義的、かつ地球市民主義的な観点から日露戦争を悠然《ゆうぜん》と俯瞰《ふかん》しているのです。人間として戦争を見ようとしても、なかなか冷静になれるものではありません。そこでネコの視点に成り代わって人間の愚《おろ》かさをいったん突《つ》き放《はな》し、世情を見ていく。こういうもう一つの目によって、漱石は日露戦争を見ていました。

安部　我々がウクライナ戦争を見るときも、漱石の視点が重要なヒントになりそうです。

■夏目漱石『三四郎』で描かれる日露戦争

安部　「夏目漱石と日露戦争」はとてもおもしろい視点です。１９０８（明治41）年9月から12月まで連載された『三四郎』にも、日露戦争の話題が出てきます。列車に乗っているときに「髭《ひげ》の男」と三四郎が日露戦争談義をするのです。

〈髭の男は、
「御互《おたがい》は憐《あわ》れだなあ」と云い出した。「こんな顔をして、こんなに弱っていては、いくら日露戦争に勝って、一等国になっても駄目ですね。尤《もっと》も建物を見ても、庭園を見ても、いずれも顔相応の所だが、――あなたは東京が始めてなら、まだ富士山《ふじさん》を見た事がないでしょう。今に見えるから御覧《ごらん》なさい。あれが日本一の名物だ。あれより外に自慢《じまん》するものは何もない。所が其富士山は天然自然に昔からあったものなんだから仕方がない。我々が拵《こしら》えたものじゃない」と云って又にやく笑っている。三四郎は日露戦争以後こんな人間に出逢うとは思いも寄らなかった。どうも日本人じゃない様な気がする。

「然し是からは日本も段々発展するでしょう」と弁護した。すると、かの男は、すましたもので、

「亡びるね」と云った。――熊本でこんなことを口に出せば、すぐ擲《な》ぐられる。わるくすると国賊取《こくぞくとり》扱《あつかい》にされる〉

佐藤―「亡びるね」という言葉は、漱石の本音でしょうね。

安部―そういうリアリストの視点を、漱石はもっていました。

■「現代日本の開化は皮相上滑りの開化」

安部―『三四郎』を書いた3年後（1911〈明治44〉年8月）、夏目漱石は和歌山で「現代日本の開化」という有名な講演をしました。

佐藤―現代文の教科書にも載《の》っていますから、高校生時代に原文を読んだ記憶《きおく》がある読者も多いでしょう。

安部―「幕末から維新篇」でも触れましたが、改めて一部をご紹介しましょう。

〈現代日本の開化は皮相上滑《ひそううわすべ》りの開化であると云う事に帰着するのである。無論《むろん》一から十まで何から何までとは言わない。複雑な問題に対してそう過激の言葉は慎《つつし》まなければ悪いが我々の開化の一部分、或は大部分はいくら己惚《うぬぼ》れて見ても上滑りと評するより致《いた》し方がない。併《しか》しそれが悪いからお止《よ》しなさいと云うのではない。事実已むを得ない、涙《なみだ》を呑《の》んで上滑りに滑《すべ》って行かなければならないと云うのです〉

〈既に開化と云うものが如何《いか》に進歩しても、案外其開化の賜《たまもの》として吾々の受くる安心の度は微弱《びじゃく》なもので、競争其他からいらくしなければならない心配を勘定《かんじょう》に入れると、吾人の幸福は野蛮《やばん》時代とそう変りはなさゝうである事は前御話《お》しゝた通りである上に、今言った現代日本が置かれたる特殊の状況に因《よ》って吾々の開化が機械的に変化を余儀《よぎ》なくされる為にたゞ上皮を滑って行き、又滑るまいと思って踏張《ふんば》る為に神経衰弱《すいじゃく》になるとすれば、どうも日本人は気の毒と言わんか憐《あわ》れと言わんか、誠《まこと》に言語道断の窮状《きゅうじょう》に陥ったものであります。私の結論は夫丈《それだけ》に過ぎない。あゝなさいとか、斯《こ》うしなければならぬとか云うのではない。どうすることも出来ない、実に困ったと嘆息《たんそく》する丈《だけ》で極《きわ》めて悲観的の結論でありますこんな結論には却って到着《とうちゃく》しない方が幸《さいわい》であったのでしょう〉

こういう現実認識《にんしき》を、漱石が1911（明治44）年に語っているのです。漱石のような知識人が日本に存在していたのは、第1次世界大戦、日中戦争、*5 太平洋戦争へと突き進《すす》もうとしていた日本にとって、かすかな希望でした。片や「萬朝報《よろずちょうほう》」*6 という新聞は非戦論を主張していたにもかかわらず、やがて参戦論、戦争論へと傾《かたむ》いていくのです。非戦か戦争か。マスメディアと言論人は真っ二つに分かれ、戦争派のほうが圧倒的《あっとうてき》に増えていきました。

朝鮮半島危機なり台湾海峡《たいわんかいきょう》危機なり、今の日本が具体的に戦争に巻きこまれたらどうなるでしょう。ウクライナ戦争をめぐる一面的な報道を見る限り、マスコミの多くが戦争論に塗りつぶされ、漱石のような言説は鳴りを潜《ひそ》めるのではないかと僕はとても危機感をもっているのです。

■明治の元勲の矜持

佐藤――夏目漱石は、戦争に狂奔《きょうほん》する日本をいったん他人事《ひとごと》のように突き放し、シニカル（冷笑的《れいしょうてき》）に見ていました。

安部――高等教育を受けたあと、定職に就《つ》かず悠々自適《ゆうゆうじてき》に本を読みながら文化的に暮らす。そういう人のことを漱石は「高等遊民」と呼びました。高等遊民のように生きることが、文学者にとって最高の境地だと漱石は思っていたのでしょう。それだけの物的、精神的余裕があったから、日英同盟も日露戦争も突き放して客体視できたのだと思います。

佐藤——考えてみれば、戦時中に『ホトトギス』に『吾輩は猫である』を連載できたわけですから、あのころの日本はまだいい時代でした。太平洋戦争中に『吾輩は猫である』のような小説を連載すれば、たちまち検閲《けんえつ》に遭《あ》って特高警察から弾圧《だんあつ》を受けたに決まっています。太平洋戦争中に比べると、明治時代はまだ相当緩《ゆる》かったのです。

けっして余裕はないのですが、「そういう意見があるのも仕方がない」という寛容《かんよう》の精神が為政者にまだありました。

安部——ある政治家が「新聞であなたのことがこんなに悪く書かれている。言論統制をしたほうがいいんじゃないですか」と明治の元勲《げんくん》に進言したら「いやいや。そう書くのは彼らの勝手だ。しょうがないんだよ。放っておけばいい」と言った。そんな逸話《いつわ》を聞いたことがあります。

佐藤——明治の元勲だってつい数十年前の若いころは、幕府の体制とぶつかって明治維新《めいじいしん》を成功させた革命家でした。世の中には多様な意見があって、時の国家に反することをしなければならない局面だってある。「明治政府に歯向かう勢力が台頭することだってあるだろう。だが明治維新を乗り切った自分たちの時代である限り、そういう勢力が台頭したところで体制が転覆《てんぷく》する心配はない」と皮膚《ひふ》感覚でわかっていたのです。

こうした明治の元勲がいなくなってから、日本はどんどん余裕を失って煮詰《につ》まっていきました。

安部―政治リーダーにも社会にも寛容の精神がなくなり、日本は太平洋戦争の時代へ突入《とつにゅう》していきました。

佐藤―「主戦論」「非戦論」という二分法で日露戦争時代の言論を分類するだけでなく、第三の道として「夏目漱石論」も入れたらおもしろいかもしれませんね。「我々は日本人だから日本びいきだ」というぐらいの中道路線です。

安部―「遊民論」とネーミングしてもいいかもしれません。

佐藤―鳥瞰《ちょうかん》的な見方、超越《ちょうえつ》的な見方、歴史的な見方、価値相対主義的な見方ですから「俯瞰論」とも言えます。

安部―漱石は「則天去私」（天にのっとって私心を捨てる）という言葉を日記に書いたことがあります。「則天論」もしっくりきますね。

第4章　正戦論と非戦論

日露戦争を前後して、
内村鑑三、幸徳秋水、与謝野晶子、
徳冨蘆花らが訴えた非戦論に迫る。
その思想は、なぜ戦争を止める
ことができなかったのか。

■龍巌浦事件と日露交渉

安部―第3章でも話題にのぼったとおり、ロシアは1903年5月に鴨緑江《アムノッカン》（満州と朝鮮《ちょうせん》の国境としての川）で龍巌浦《ヨムアムポ》事件を引き起こし、ロシア兵を進駐《しんちゅう》させました。ロシアとしては、確信的なところに駒《こま》を打ちこんできたわけです。

大連《ターリエン》と旅順《リュイシュン》には、すでにロシアの基地がありました。鴨緑江の河口にある龍巌浦に海軍基地を造れば、黄海《ホワンハイ》や渤海《ポーハイ》、あのあたりの海と一帯を完全に押《お》さえることができます。鴨緑江に海軍基地を造るという戦略は、日本をギリギリのところまで追《お》い詰《つ》めました。

佐藤―日露《にちろ》交渉《こうしょう》のプロセスを見ると、およそ「話を穏便《おんびん》にまとめよう」「お互《たが》いに譲歩《じょうほ》しながらまとめていこう」という方向の交渉ではありません。最後通牒《つうちょう》的な交渉を、お互いにやっているだけです。

安部―龍巌浦事件を受けて、小村寿太郎《こむらじゅたろう》外務大臣と駐日《ちゅうにち》ロシア公使のローゼン[*1]は日露交渉を開始します。日本の要求は、満州での鉄道経営でした。満州におけるロシアの特殊《とくしゅ》権益を極小化しつつ、韓国《かんこく》を日本の保護国とするのを認めよ、という内容です。

佐藤―当然ロシアは、こんな提案を丸《まる》呑《の》みするわけがありません。それどころか「北緯《ほくい》39度線より北の地域を中立地帯化せよ」と逆に日本に迫《せま》ってきました。
安部―結局、日露交渉は完全に決裂《けつれつ》します。
佐藤―こんなものは最初から交渉でも何でもありませんでした。日本もロシアも両方とも、戦争は肚《はら》の中で決めていたのです。両国の為政者《いせいしゃ》は開戦責任論ばかり気にしていました。「我々としては、相手の立場も尊重しつつ、ここまで自分たちの要求をきちんと主張してきた。しかし相手は聞く耳をもたなかった」と言って、お互《たが》いが自国民を納得《なっとく》させるための交渉です。

これは太平洋戦争直前の日米交渉とよく似ています。「ハル・ノート」[*2]というもので日米諒解《りょうかい》案を出してきたわけですが、日本もアメリカも戦争を回避《かいひ》する方向、非戦論でまとめようとする方向の交渉ではありませんでした。

無差別戦争という「新しい正戦論」

佐藤―戦争をめぐる当時のゲームのルールは、そもそも今とはまったく違《ちが》っていました。
安部―今では国際法によって「戦争は違法《いほう》だ」というルールが定められています。それでも「これは個別的自衛権[*3]の発動だ」「これは集団的自衛権の発動だ」「国連安全保障理事会[*4]の決議があるから問題ない」と言って戦争は起きているわけですが。

佐藤―戦争観は歴史的に変遷《へんせん》してきました。「世の中には正当な戦争と不当な戦争がある。正当な理由さえあれば、戦争は合法だ」。中世の神学者たちは、こういう「正戦論《せいせん》」を唱えました。

安部―要するに「大義がある戦争は正しい」という思想ですね。

佐藤―正しい戦争をやったほうが正しい。不当な戦争に手を染める側は邪悪《じゃあく》である。このように誰《だれ》かが正邪《せいじゃ》を判断するわけです。ただし、正邪なんて立場によってあっという間に180度逆転してしまいます。正邪が判断できないとなると、「戦争に正しいも間違《まちが》いもない」という疑問符《ぎもんふ》が出てきますよね。

あとの時代になって「戦争になったら守らないといけない手続きがある」とルールが決められました。民間人を攻撃《こうげき》してはいけない。攻撃をする対象は軍人や軍属のみだ。相手が白旗を揚《あ》げてきたときには、たとえ敵国の軍人であろうと撃《う》ってはいけない。捕虜《ほりょ》は保護しなくてはならないなどです。

戦争のときにはあらかじめ宣戦布告する。あるいはいきなり攻撃を受けたときには、たとえ宣戦布告がなくても宣戦と見なしてかまわない。「こういったルールさえ守っていれば、戦争をやってもかまわない」という考え方に変わっていきました。

安部―18世紀半ばから20世紀初頭にかけて台頭したのが、無差別戦争観です。

佐藤―無差別戦争観は、現代になって復活した「新しい形の正戦論」です。

安部―大義名分さえあれば、無差別戦争をやったってかまわないという発想です。

佐藤―お互いが「自分たちは帝国《ていこく》主義的なゲームのルールを守っている。話し合いがつかなければ、最後は実力をぶつけ合って解決しよう」というやり方です。三国干渉《さんごくかんしょう》をやっていたころは、まだ話をまとめようとしている交渉でした。帝国主義と帝国主義がぶつかり合うゲームは、「取れるものは取れるだけ取ろう。我々は譲歩なんてしないぞ」という恐《おそ》ろしい争いなのです。

■内村鑑三や幸徳秋水の「イデオロギー化した非戦論」

佐藤―内村鑑三《うちむらかんぞう》*5はキリスト教徒ですから、「武士道的キリスト教」とも言うべき非戦論を唱えました。幸徳秋水《こうとくしゅうすい》は無政府主義者*6です。内村も幸徳も、いずれもイデオロギー化した非戦論を唱えました。イデオロギー化した非戦論は、イデオロギーを貫《つらぬ》き通《とお》すならば平気で反対の方向へ向かう可能性があります。

幸徳秋水や片山潜《かたやません》*7は非戦論を掲《かか》げはしましたが、「革命のための暴力の行使」「帝国主義を廃止《はいし》するための戦争」を明確に否定しているかというと、そこはきわめてあいまいです。むしろそうした形の武力行使を、幸徳秋水も片山潜も積極的に認めてしまうのではないでしょうか。

今でも日本共産党や一部の左翼《さよく》勢力が唱える反戦思想の限界は、革命を行《おこな》うための戦争を彼ら自身《じしん》が肯定《こうてい》してしまうことです。ですから、イデオロギー化した非戦論を称揚《しょうよう》するのはいささか考えものかもしれません。

■与謝野晶子の反戦詩「君死にたまふこと勿れ」

安部――その点、日露戦争中の1904（明治37）年に与謝野晶子《よさのあきこ》*8が発表した詩「君死にたまふこと勿《なか》れ」はだいぶ性格が異なります。与謝野晶子の弟は、妻を日本に残して日露戦争に出兵しました。

〈あゝをとうとよ、君を泣く、
君死にたまふことなかれ、

末に生れし君なれば
親のなさけはまさりしも、
親は刃《やいば》をにぎらせて
人を殺せとをしへしや、
人を殺して死ねよとて
二十四までをそだてしや〉

〈君死にたまふことなかれ、
すめらみことは、戦《たたか》ひに
おほみづからは出でまさね、
かたみに人の血を流し、
獣《けもの》の道に死ねよとは、
死ぬるを人のほまれとは、
大みこゝろの深ければ
もとよりいかで思《おぼ》されむ〉

佐藤―与謝野晶子は大阪・堺《さかい》の商人の家に生まれましたから、親から正戦論なんて吹《ふ》きこまれていません。「戦争に出兵して国のために死ぬなんておかしいでしょう」という民衆の当たり前の叫《さけ》びです。与謝野晶子の非戦論は、イデオロギー的ではなくヒューマニズムに基《もと》づくものでした。

イデオロギー以外のところでも非戦の思想があったのは、とても重要なことです。

安部―それこそ文化・芸術の力です。

佐藤―与謝野晶子の非戦論は、第3章で触《ふ》れた夏目漱石《なつめそうせき》とつながるところがあります。夏目漱石や与謝野晶子の非戦論は、文化によって政治を包みこんでいく文化的非戦論です。

安部―幸徳秋水は「萬朝報《よろずちょうほう》」から独立して、「平民新聞」を刊行しました。社会主義的なバックボーンに基づいて、徹底的《てっていてき》に庶民《しょみん》の側に立つのだというのが幸徳秋水の思想です。「社会の正義と万民《ばんみん》の利福を実現することこそ重要なのに、戦争はそれらを全部破壊《はかい》してしまう。庶民の生活を守るために、戦争には反対だ」。これが「平民新聞」の論陣《ろんじん》でした。

「自由・平等・友愛」のフランス革命に相通じる「平民新聞」を、1年余りも継続《けいぞく》したのは大変な努力だったろうと思います。

佐藤─内村鑑三について付言すると、内村の『武士道』と暴力の関係がどうなっているかが、私には今ひとつ見えません。与謝野晶子の場合、自分の弟の行方《ゆくえ》を憂《うれ》えて「弟よ、とにかく死なないでくれ」と祈《いの》る民衆的な形での非戦論です。

社会構造を変えるときに暴力や内乱、戦争に訴《うった》えるやり方は、内村鑑三は明確に嫌《きら》いでした。幸徳秋水は「イデオロギーのためならばやってもかまわない」と思っていたはずです。片山潜も「やってもかまわない」と思っていました。石川三四郎《いしかわさんしろう》*9のような無政府主義者がどう考えていたかは、よくわかりません。

池田大作《いけだだいさく》*10SGI（創価学会インタナショナル）会長は、小説『人間革命』の冒頭《ぼうとう》に〈戦争ほど、残酷《ざんこく》なものはない。／戦争ほど、悲惨《ひさん》なものはない。／だが、その戦争はまだ、つづいていた〉とつづりました。いかなる戦争であろうが、戦争そのものを絶対的な形で否定する非戦論がどこにも生まれなかった。それが、明治期から1945（昭和20）年にかけての日本の限界でした。

いずれにせよ「帝国主義戦争に反対する統一戦線を組むのだ」といった発想にからめ取られている限り、戦争のない時代は到来《とうらい》しません。「最後の戦争によって、戦争が起きない世界を作るのだ」という論理は誤っているのです。

安部　今のロシアの主張はまさにそれですよね。「２０１４年にクリミア半島で始まった戦争を終わらせるための戦争だ」と主張しながら、終わりの見えない戦争を戦っているのです。

■天皇を真っ向から批判した徳冨蘆花の「謀叛論」

安部　非戦論者の中で僕がもう一人名前を挙げたいのは、徳冨蘆花《とくとみろか》です[*11]。「国民新聞《こくみん》」を発刊していたお兄さんの徳富蘇峰《そほう》は[*12]、完全に桂太郎《かつらたろう》内閣支持の主戦論者でした。徳冨蘆花はお兄さんとはだいぶ思想が違っていて、社会主義思想に共鳴しています。ロシア文学が大好きだった徳冨蘆花は、片山潜がプレハーノフに会ったように、１９０６〈明治39〉年にトルストイに会いに行きます。そしてトルストイの非暴力主義に感化を受けて帰国しました。

大逆事件[*13]が起きると、幸徳秋水は死刑《しけい》になります（１９１１〈明治44〉年１月24日処刑《しょけい》）。死刑から１週間後の２月１日に、徳冨蘆花は旧制第一高等学校で講演を行いました。青空文庫（インターネット上で文学を全文無料で読めるサイト）にも入っている講演録「謀叛論《むほん》」は心情的幸徳秋水擁護《ようご》論でして、全面的に幸徳秋水を擁護しています。この時期によくぞ、一高でこれだけの講演をしたものだと思います。

一部を引用しましょう。

〈諸君、我々の脈管には自然に勤王の血が流れている。僕は天皇陛下が大好きである。……………天皇陛下は剛健質実《ごうけんしつじつ》、実に日本男児の標本たる御方《おかた》である。「とこしへに民安かれと祈るなる吾代《わがよ》を守れ伊勢《いせ》の大神《おおがみ》」。其誠《まこと》は天に逼《せま》るというべきもの。（略）諸君、我等は斯《こ》の天皇陛下を戴いてい乍《なが》ら、仮令《たとい》親殺しの非望を企《くわだ》てた鬼子《きし》にもせよ、何《なに》故《ゆえ》に其十二名だけが宥《ゆる》されて、余の十二名を殺さなければならなかった乎《か》。（略）陛下の赤子《せきし》に差異は無い、何卒二十四名の者共罪の浅きも深きも一同に御宥《おゆる》し下されて、反省改《かい》悟《ご》の機会を御与《おんあた》え下されかしと、身を以《もっ》て懇願《こんがん》する者があったならば、陛下も御頷《おんうなず》きになって、我等は十二名の革命家の墓を建てずに済んだであろう〉

佐藤――すさまじい論陣です。

安部――「天皇というのは死刑を命じるような主体じゃない。大御宝《おおみたから》（天皇の民《たみ》）である日本人（幸徳秋水）が命をかけて心底からの主張をしているのに、なぜそれを汲《く》み取《と》ってやらないのだ。これは天皇の恥《はじ》だ」というぐらいの激しい論調です。

夏目漱石が戦争を遂行《すいこう》する政権を批判するときは、オブラートに包んだたいへんうまい言い方でした。漱石が落語が好きだったことも影響《えいきょう》しているかもしれません。漱石とは対照的に、徳冨蘆花は心情的に「帝国主義路線を採る日本は間違っているのだ」とストレートに批判します。理論化された平和論ではありませんが。

■大逆事件の幸徳秋水が記した絶筆『死刑の前』

安部──僕は興味をもって、幸徳秋水が書いた『死刑の前』を読んでみました。死刑の前に自分の心情をつづった最後の獄中記《ごくちゅうき》です。

〈私は死刑に処せらるべく、今東京監獄《かんごく》の一室に拘禁《こうきん》せられて居る。

嗚呼死刑！　世に在る人々に取っては、是れ程忌《いま》わしく、恐ろしい言葉はあるまい、いくら新聞では見、物の本では読んで居ても、まさかに自分が此忌わしい言葉と、眼前直接の交渉を生じようと予想した者は一個もあるまい、而《しか》も私は真実に此死刑に処せられんとして居るのである〉

〈今の私に恥ずべく忌《い》むべく恐るべき者ありとせば、其は死刑に処せらるてふことではなくて、私の悪人たり罪人たるに在らねばならぬ、是れ私自身に論ずべき限りでなく、又た論ずるの自由を有たぬ、唯だ死刑てふこと、其事は私に取って何でもない〉

死とはなんぞや。志とは何ぞや。自分は何のために生きて、何のために死ぬのか。もしかすると徳冨蘆花は、一高で「謀叛論」を発表する前に幸徳秋水の『死刑の前』を読んだのかもしれません。「この魂《たましい》の叫びに私が答えないでどうするのだ」という思いがあったのではないでしょうか。

幸徳秋水と徳冨蘆花の二人は、それぐらい激しく響《ひび》き合うものがあります。『死刑の前』も青空文庫に収録されているので、興味がある読者は全文を読んでみてください。

▩マルクス主義よりも無政府主義に惹きつけられた幸徳秋水

佐藤――本書では詳《くわ》しくは触れませんが、大逆事件が冤罪《えんざい》だということを当時の知識人はみんなわかっていました。生身《なまみ》の幸徳秋水がいったいどういう人間だったのか。明治天皇暗殺という大それたクーデター計画を実行する力など、もっているはずがない。幸徳秋水を逮捕《たいほ》した連中だって、そのことをよくよくわかっていたはずです。

安部―にもかかわらず、幸徳秋水をはじめ12名の社会主義者や無政府主義者が、乱暴な裁判によって死刑に処されました。

佐藤―処刑された管野《かんの》スガ*14が、本人の病気のせいもあって行《い》き詰《づ》まり、相当のことを考えていたのは間違いありません。幸徳秋水は違います。幸徳秋水は、とにかく頭でっかちな思想家、文筆家なのです。しかも、あまり厳密に理論を組み立てるタイプではありません。

彼はおもしろいんですよね。マルクス主義*15者からスタートするのですが、1905年の入獄時にクロポトキンに影響を受けて、アメリカで無政府主義者に変遷してしまうのです。普《ふ》通《つう》は順序が逆なんです。普通は無政府主義者からマルクス主義者に切《き》り替《か》わるのです。これは私の推定ですが、幸徳秋水の目には、マルクス主義者よりも無政府主義者のほうが魅力《みりょく》的に見えたのではないでしょうか。

安部―なぜ無政府主義者のほうが先進的で魅力的だったのだと思いますか。

佐藤―無政府主義者はまっすぐだからです。それに対してマルクス主義者は、いったん資本主義の体制を作ってから体制を転換《てんかん》していかなければなりません。「今はとりあえず資本主義を応援《おうえん》しよう」とねじれているのです。その点、無政府主義者は直接行動だから、まっすぐでわかりやすい。勇気をもっていて潔《いさぎよ》い。

幸徳秋水は文学的なセンスがすごく強い人だったと思うんです。だから文章もうまいし、死ぬ直前に書いた『死刑の前』も胸を打つものがあります。

安部―本当にそうですよね。彼の洞察力《どうさつ》は、今文章を読み返してみてもすばらしいものがあります。

■アメリカによる対日侵攻50年戦略「オレンジ計画」

安部―ところで佐藤さん、アメリカは日本が日露協商を選ばず、日英同盟を結んだことをどう見ていたと思いますか。

佐藤―アメリカにとって日英同盟は、最初からあまり好ましくないものだったはずです。今はもう絶版になってしまいましたが、１９９４年にエドワード・ミラー著『オレンジ計画 アメリカの対日侵攻50年戦略』（新潮社）という本が翻訳されました（原題は『War Plan Orange』）。

安部―日露戦争終戦直後から、アメリカ海軍が世界中の仮想敵国を想定して作った戦争計画ですね。赤とか緑とか黄色とかさまざまに色分けされ、オレンジが対日戦争を想定したコードカラーでした。

佐藤―オレンジ計画は、まさに日英同盟が引き金になって作られたものだと思うのです。

〈太平洋戦争の四年間、米国は「オレンジ・プラン」と呼ばれる戦略におおむね沿った形で戦争を遂行した。二十世紀初頭、米国は仮想敵国を色で表すいくつかの戦争計画を作成、なかでオレンジ・プランは最も卓越《たくえつ》したものだった。各国に色別のコード・ネームを割り当てたのは大統領の諮問《しもん》機関である陸海軍統合会議で、日本はオレンジ、米国はブルーで表された。色名は名詞・形容詞のいずれでも用いられ、オレンジは「日本」あるいは「日本の」、ブルーは「米国」あるいは「米国の」を意味していた〉(『オレンジ計画』5頁)

オレンジ計画の策定を開始した時点では、日米関係は良好でした。日本とアメリカの間でいざこざや揉《も》め事《ごと》があったところで、外交交渉によって平和的に解決することが可能だったはずです。

安部―日英同盟と日露戦争によって、その状況《じょうきょう》は変わりました。本書でこれまで語り合ってきたとおり、日露戦争に勝利した日本は、帝国主義国の仲間入りを果たしたわけです。

佐藤―将来的に日本がアジア太平洋地域でアメリカとぶつかり合い、日米戦争が開戦するとアメリカは想定していました。

〈米国と日本は歴史的に友好関係を保っているが、いつの日か他国の支援《しえん》なしの二国間戦争が勃発《ぼっぱつ》する、というのがオレンジ・プランの地政学的前提条件である。開戦の根本理由は、極東の土地、人、資源の支配を目論《もくろ》む日本の領土拡大政策であろう。米国は自ら極東での西欧《せいおう》勢力の守護者をもって任じ、民族の自決と貿易の自由を何よりも大切にしているからである。日本は極東支配の野望を達成するため、フィリピンとグアムの米基地を攻《こう》略《りゃく》し、米国の軍事力を日本の海上輸送路から一掃《いっそう》することが必要と考えるようになるだろう〉（同、７頁）

安部―アメリカの見立てどおり、１９４１（昭和16）年12月7日（日本時間では8日未明）、真珠湾《パールハーバー》攻撃[＊16]によって太平洋戦争が開戦しました。

▩ 日英同盟を骨抜きにした第１次世界大戦後のワシントン会議

佐藤―仮想敵国である日本を、有事の際にどうやってやっつけていくか。オレンジ計画に書かれていたアメリカのやり方は、前出の大川周明『米英東亜侵略史《べいえいとうあしんりゃくし》』とほとんど符合《ふごう》します。
アメリカは「日英同盟を発展させよう」と呼びかけてワシントン会議[*17]を開き、じつに狡猾《こうかつ》なやり方で4カ国条約を作りました。

安部―ワシントン会議は、第1次世界大戦後の1921年から22年にかけて、ワシントンで開かれた国際会議です。

佐藤―アメリカとイギリスと日本、それからほとんど意味のないフランスを加えて集団安全保障体制を構築する。この4カ国条約によって、日英同盟を骨抜《ほねぬ》きにしてしまいました。実態はアメリカとイギリスとフランスが組んで、日本と対峙《たいじ》する図式です。「すばらしい同盟によってみんなで仲良くしましょう。せっかくだからフランスも招き入れて、みんなで東亜の安定を維持《いじ》しましょうね」という形で、日英同盟を潰《つぶ》していったのです。

安部―結局日本は帝国主義の激流に呑《の》まれ、戦争の底なし沼《ぬま》に沈《しず》んでいってしまったのです。

第5章 二百三高地の教訓

甚大な痛みを伴いながら
連戦連勝を続ける日本——。
なぜ日本は短期決戦に挑んだのか。
なぜ日本はロシアに勝ち続けたのか。
その理由に迫る。

■当初は短期決戦の予定だった日露戦争

佐藤──１９０４〈明治37〉年２月、南満州（中国東北部）や朝鮮半島《ちょうせんはんとう》の支配権をめぐって日露《にちろ》戦争が開戦しました。旅順《リュイシュン》攻略（１９０４年８月〜05〈明治38〉年１月）や遼陽《リャオヤン》会戦[*1]（04年８〜９月）、沙河《シャーホー》会戦[*2]（同年10月）、奉天《フェンティアン》会戦（１９０５〈明治38〉年２〜３月）、日本海海戦（同年５月）など、日本は次々と勝利を収めます。

セオドア・ルーズベルト[*3]大統領の仲介《ちゅうかい》により、１９０５年９月にニューハンプシャー州のポーツマスでポーツマス講和条約が結ばれました。〈日本は12万の戦死、廃疾者《はいしつしゃ》を出し戦費15億円を費《つい》やした〉（ジャパンナレッジ版『日本大百科全書』「日露戦争」の項）。

甚大《じんだい》な痛みを伴《ともな》いはしたものの、日本は日露戦争に勝利します。当時のロシア陸軍は世界一と称《しょう》されていました。小国である日本が、なぜロシア陸軍に勝利できたと安部さんは見ますか。

安部──いくつもの要因があると思います。開戦当初からの大日本帝国《だいにっぽんていこく》陸軍の動きを図表１で見てみましょう。第一軍の一部は朝鮮半島の仁川《インチョン》からソウル、開城《ケソン》経由で朝鮮半島を北上し、第一軍の別働隊は朝鮮半島の西側の海から鎮南浦《チムナムポ》、平壌《ピョンヤン》へと進軍していきます。

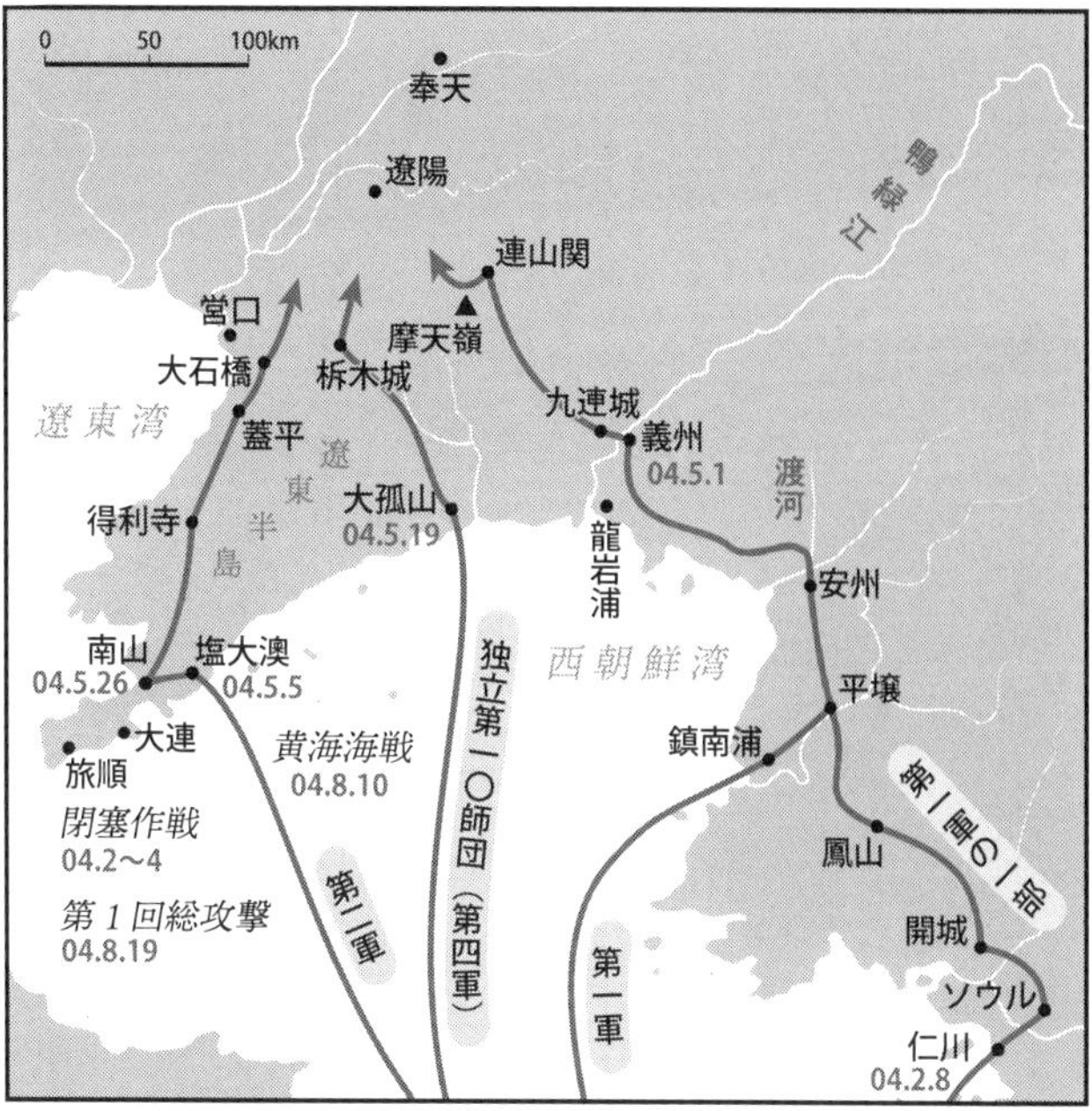

図表1／日露戦争戦闘経過（1904年8月時点）

第二・三軍は遼東半島《リャオトンはんとう》から大陸へ上陸して北上し、独立第一〇師団（第四軍）は別ルートで大陸へ進軍していきました。なぜ1カ所に兵力を集中せず、日本は4軍に分けて侵攻を進めたのでしょう。時間が経《た》てば経つほど、シベリア鉄道をもつロシア側の軍備増強が高まっていく危機感があったからです。だから「短期決戦でいくぞ」という決意のもとに、4軍に分けてロシア軍の包囲殲滅《せんめつ》作戦を採りました。

佐藤―戦力が分散することによって、自軍の将兵がかなり犠牲《ぎせい》になってもかまわない。そういう作戦ですね。

安部―ええ。犠牲を厭《いと》わぬ短期決戦型作戦です。大変な犠牲を出しつつ突《つ》き進《すす》んでくる日本軍の戦い方は、ロシアの将兵たちをひどくおびえさせました。4方向から包囲戦で次々と攻《せ》められたら、当然後方の退却路《たいきゃくろ》が気になるわけです。日本はロシア側に「退路を断《た》たれたらおしまいだ。全滅《ぜんめつ》するぞ」という恐怖《きょうふ》感を植えつけることに成功しました。その結果、ある段階に至ってロシア側の大将が撤退《てったい》を決断するのです。

日露戦争の進軍の様子を、図表2で見てみましょう。この地図を見ていただくとよくわかりますけど、奉天《フェンティアン》（現在の瀋陽《シェンヤン》）なんてまだ満州の入り口にすぎないんですよね。後ろは、遠くハルビンまでずっとロシアの鉄道が通っているわけです。

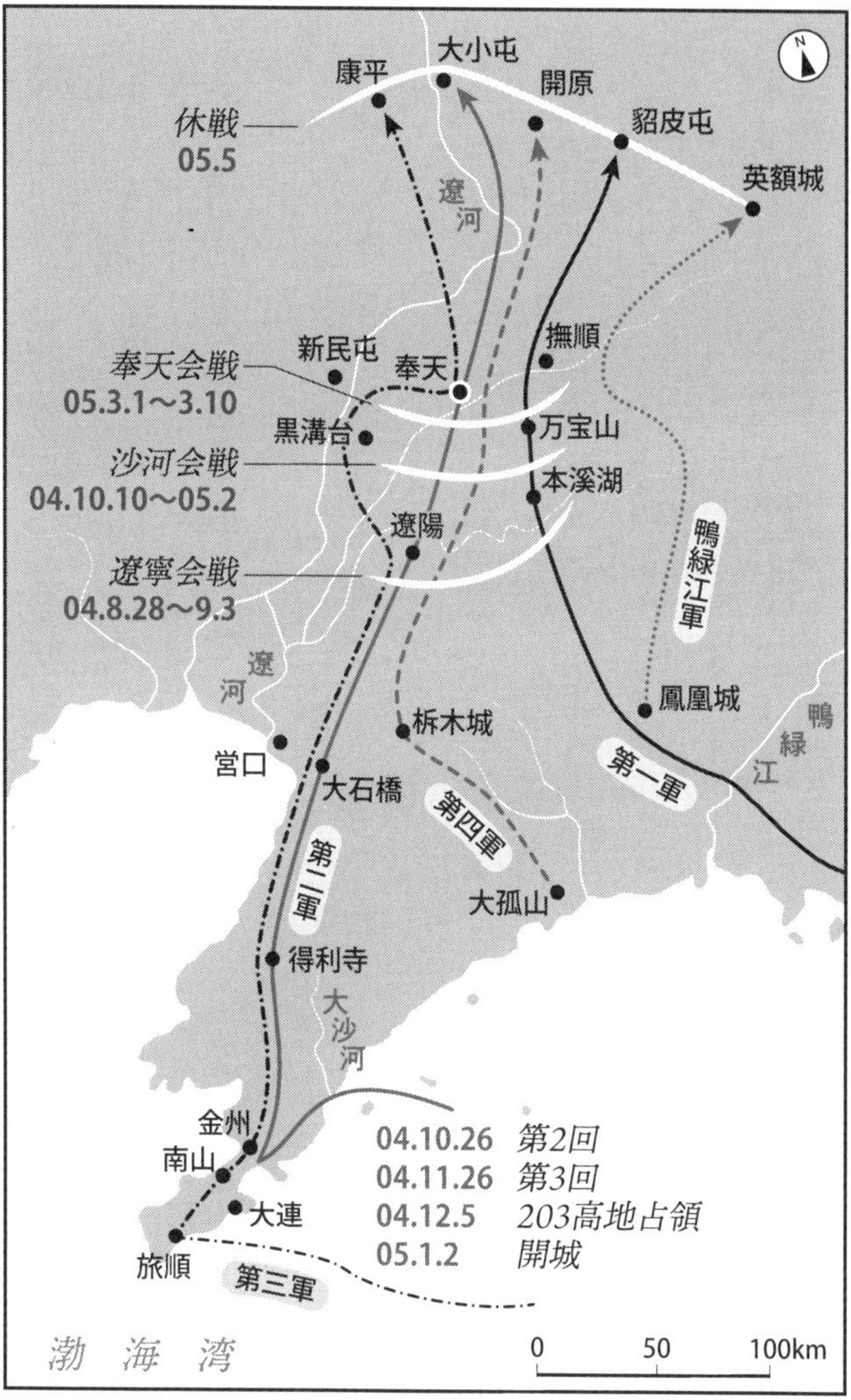

図表2／日露戦争戦闘経過（1904年9月時点）

奉天までの戦いは、日露戦争にとってほんの「とば口の戦争」にすぎませんでした。「この戦争は短期決戦だ。戦争の端緒《たんちょ》でとにかく徹底的《てっていてき》に勝つぞ」という作戦を立てて決戦に臨《のぞ》んだ結果、その作戦がある程度当たったのが勝因の一つだと思います。

■戦争の帰趨を分けた有坂銃

安部　日露戦争勝因のもう一つの理由は、それまで将兵が十分訓練を受けて熟練兵へと育ち、将兵の質、そして戦いへの覚悟《かくご》が高まっていたことです。

それからもう一つ、なんといっても兵器が優秀《ゆうしゅう》であったことが勝敗の帰趨《きすう》を決しました。一つが有坂成章《ありさかなりあきら》＊4という兵器製造者が開発した新型ライフル（通称《つうしょう》「有坂銃《じゅう》」）です。日本軍が使っていた村田連発銃というライフルは命中率が低く、弾薬《だんやく》の再装塡《さいそうてん》に時間がかかりすぎるせいで不評でした。

有坂は「三十年式歩兵銃」「三十一年式速射野砲《そくしゃやほう》」と呼ばれる新型ライフルを1897（明治30）年、98（明治31）年に相次いで完成させます。この有坂銃が、1873年にアメリカで開発され、「西部を征服《せいふく》した銃」とも称されたウィンチェスターライフルよりも、はるかに性能が良かったのです。

佐藤―具体的に、有坂銃はどの点が優《すぐ》れていたのですか。

安部―ロシアが使用していた1891年式ライフルは、口径が7・62ミリでした。それに対して有坂銃の口径は6・5ミリです。口径が小さい分、原料を節約しながら銃や弾薬をたくさん作れます。口径が大きな銃より破壊力《はかいりょく》は落ちますが、命中率を高めて弾薬の再装填を容易にし、相手の戦闘能力《せんとう》を奪《うば》うことに成功しました（参考：兵頭二十八著『有坂銃　日露戦争の本当の勝因』光人社NF文庫）。

佐藤―なるほど。メカニックに強い安部さんならではの鋭《するど》い視点です。実は戦場においては、必ずしも兵器の破壊力が強くなくてもいいんですよね。敵兵に銃弾《じゅうだん》を当てる必要はあっても、致命傷《ちめいしょう》を負わせて殺す必要はないのです。銃弾がビュンビュン飛《と》び交《か》う戦場では、死んでしまった兵隊の遺体を無理して引《ひ》き揚《あ》げる必要はありません。遺体はとりあえずそこに置いたまま、戦闘を続けるのが定石です。

仲間が負傷したとき、生きている負傷者を救出しない部隊はありません。負傷者を戦線から安全に離脱《りだつ》させるためには、最低二人の力が必要です。

安部―つまり敵方一人に重傷を負わせるたびに、前線から兵力を都合三人ずつ減らしていくことができるわけですね。有坂銃によって次々と兵力を減らされる恐怖感は、ロシア軍にとってとてつもなかったはずです。さらに鉄道で戦場に来たのに、帰りの移動手段を遮断《しゃだん》されるような事態になれば戦場で孤立《こりつ》します。その恐怖たるや我々には想像だにできません。

■摂氏3000度で燃焼する下瀬火薬

安部―武器について言えば、帝国《ていこく》陸軍が使用した有坂銃だけでなく、帝国海軍が使用した下《しも》瀬《せ》火薬も大変な威力《いりょく》を発揮しました。下瀬火薬は、1888（明治21）年に下瀬雅允《まさちか》*5という技術者が開発に成功し、93（明治26）年に帝国海軍の爆薬《ばくやく》として採用されました。日露戦争において、下瀬火薬は砲弾《ほうだん》や弾丸《だんがん》、水雷《すいらい》に使用されています。

佐藤―下瀬火薬にはどんな特徴《とくちょう》がありますか。

安部―ロシア側はニトロセルロース*6を原料にした火薬を使っており、これに比べて下瀬火薬は燃《ねん》焼《しょう》温度がすさまじく高く、なんと摂氏《せっし》3000度にもなったそうです。下瀬火薬を詰《つ》めこんだ弾丸を、大砲《たいほう》で食らったロシア軍はたまったものではありません。なにしろロシアの軍《ぐん》艦《かん》に乗っていた船員によると、鉄が燃えたそうですから。

はるかに強力な破壊力をもたらしました。ピクリン酸*7という劇薬を使用した下瀬火薬は

佐藤―それはたまりませんね。摂氏1500度を超《こ》えると鉄が融《と》け始めるそうですから、3

０００度もの熱さであれば鉄がドロドロになってしまいます。

■新型起爆装置「伊集院信管」と帝国海軍

安部─帝国海軍が「伊集院《いじゅういん》信管」と呼ばれる起爆《きばく》装置を装備していたことも、戦況《せんきょう》を分けました。イギリスの海軍大学校を卒業し、日清《にっしん》戦争で海軍参謀《さんぼう》を務めた伊集院五郎《ごろう》*8は、１９００（明治33）年に新型の信管を開発します。この信管が日露戦争で使われました。

佐藤─伊集院五郎というと、「月月火水木金金」で有名な鬼《おに》司令官です。「わが帝国海軍には土曜日も日曜日もないのだ」と言って、海兵に休日を与《あた》えず猛《もう》訓練を課したことで知られています。

安部─普通《ふつう》は相手の艦船《かんせん》なり戦闘機なり、鉄にガン！と当たらなければ信管は作動せず、爆《ばく》発《はつ》しません。ところが伊集院信管は、砲弾が海面に着水したぐらいのショックで作動し、爆発するのです。それまでの信管とはまったく性格が異なります。陸軍の戦闘を援護《えんご》するため、海側から敵陣《てきじん》に艦砲射撃《かんぽうしゃげき》するとしましょう。こちらが撃《う》った大砲の弾《たま》がバーン！と相手の要《よう》塞《さい》に当たらなければ、それまでの信管は爆発しませんでした。伊集院信管を搭載《とうさい》した砲弾は、敵陣の地面にポンと着弾《ちゃくだん》しただけで爆発するのです。

かたやロシアの大砲は、地面に落ちたくらいの衝撃《しょうげき》では爆発しません。相手が撃ってきた砲弾を日本軍が回収して、反対に向こうに撃ち返したという武勇伝もあるくらいです。

特に南山《ナンシャン》の戦い＊9（1904〈明治37〉年5月）では、海からの艦砲射撃によって相手の戦線を打ち破り、陸軍が一気に攻めこみました。陸軍と海軍の連携《れんけい》がうまくいっていたことも、日露戦争勝利の要因の一つです。

佐藤―世界の軍事開発と比較《ひかく》すると、当時の日本の技術力は相当高かったのですね。

安部―ええ、そのとおりです。太平洋戦争の緒戦《しょせん》まで、アメリカ軍はガツン！と命中しなければ爆発しない弾を使っていました。その後、伊集院信管の発想と同じことを、アメリカの技術開発者も着想するようになります。

佐藤―太平洋戦争の途中《とちゅう》から、アメリカ軍は戦闘機の周辺で爆発する弾に切《き》り替《か》えました。

安部―目標から一定距離に入るとレーダー装置などの作動で自動的に発火する信管をアメリカが開発したのです。「近接信管＊10」とか「VT（variable time）信管」と呼ばれます。この信管によって、日本の飛行機は深刻な被害《ひがい》を受けました。

佐藤―こういうメカニックな話って興味深いですよね。昔から日本の技術的特性として、0から1を作り出す仕事はあまり得意ではありません。そのかわり、誰《だれ》かが作り出した1にいろいろ付加して、今もっているものの効率性を高めていく仕事が日本は得意です。技術開発の能力が高いというよりも、技術改良の能力が優れていると言ったほうがいいでしょう。

安部―下瀬火薬と伊集院信管、有坂銃の開発は、まさに日本の優れた技術改良能力が発揮された結果といえるでしょう。

■1812年の栄光　ナポレオン撃破の記憶

佐藤―先ほど安部さんから、ロシア軍のロジスティクス（兵站《へいたん》）について鋭い指摘《してき》がありました。ロジスティクスについては、そもそもロシアは相当無理をしているのです。なにしろシベリアを横断して東方まで派兵しているわけですからね。派兵先で戦闘が長期化したとき、はたして食糧《しょくりょう》や武器を継続《けいぞく》的に補給できるのか。ロシア軍がどれほどの恐怖感に襲《おそ》われていたかは、容易に想像がつきます。

安部―シベリアなんて、途中に何もないだだっ広い野っ原ですからね。延々とシベリア鉄道に乗って、わざわざ東アジアの果てまで出張《でば》って戦いたくなかったでしょう。日本という国を、ロシアは相当甘《あま》く見ていたのです。「極東の島国である日本なんて、たいしたことないだろう。戦争はじきに終わるはずだ」と甘く見ていたら、決死の覚悟で恐《おそ》ろしい突撃《とつげき》をしてくる。相当戦意をくじかれたはずです。

佐藤―「ロシアの陸軍は世界一だ」と当時言われていた言説自体、実態を反映していなかったのですよね。兵員の数が多かったことは間違《まちが》いありません。その兵員が戦場でどういう働きを見せるのか。装備の中身はどうだったのか。兵力の質はそれほど高くなかったのではないでしょうか。

ロシア遠征《えんせい》[*11]に打って出たナポレオンのフランス軍を、ロシアが返り討ちにしたのは1812年のことです。

安部―それは日露戦争より100年近くも前の話です。

佐藤―それ以来「あのナポレオンを破ったロシアの陸軍は世界一だ」というイメージが、惰性《だせい》として流布《るふ》されてきたのです。クリミア戦争（1853～56年）は別として、ロシア遠征から日露戦争に至るまで、ロシアは長期の戦争を経験していません。短期の戦争ばかりです。

安部―長期間にわたって戦争からずっと遠ざかっていたせいで、勝負観が相当なまっていたのでしょうね。

佐藤―「国力から考えても、経済力から考えても、それから占《し》めている領域から考えても、ロシアと日本では全然ケンカにもならない」。ロシアではこう思っていたはずです。ロシアと日本の間に決定的な違《ちが》いがあるとすれば、当時の日本は国民国家として非常にまとまりが良かった。「この戦争でロシアに敗れたら、日本という国はなくなってしまう」という切迫《せっぱく》した危機感が浸透《しんとう》していたのです。ロシア指導部にはそこまでの危機感はありませんでした。

安部―日本では、戦争に対する国内世論の支持が圧倒的《あっとうてき》でした。熱狂《ねっきょう》的なまでの戦争支持で、国内は一丸となっていたわけです。

佐藤―かたやロシアでは反戦運動がかなり強く、しかも１９０５年１月には「血の日曜日事件」[*12]を引き金とする第１次ロシア革命[*13]まで起きました。これら所与《しょよ》の条件を総合的に振《ふ》り返《かえ》ってみるに、日本がロシアを撃破《げきは》したのはうなずけます。

■乃木希典大将と旅順攻略

佐藤―１９０４（明治37）年８月に始まった旅順攻略は、年末まで４カ月半にわたって続きます。乃木希典《のぎまれすけ》[*14]司令官は無謀《むぼう》としか言いようがない突撃を命じ、死者は１万５４００人、死傷者は５万９４００人に達しました。乃木さんはこの作戦をやりたくてやったわけではないはずです。

安部―まずは大砲で徹底的に敵陣に打撃《だげき》を与え、そこから攻めこんでいきたい。しかし、前述した下瀬火薬など日本は優秀な兵器を保有していても、生産力が追いつかず大砲の弾が欠《けっ》如《じょ》していました。だから肉弾《にくだん》戦でいくしかなかったのです。

先ほど参考文献《ぶんけん》として挙げた『有坂銃　日露戦争の本当の勝因』（93頁）によると、日露戦争開戦直前の1904年1月の段階で、有坂銃の生産能力は1カ月に1万挺《ちょう》だったそうです。

佐藤―銃をそれだけ作っても、前線では戦力が全然足りていませんでした。

安部―僕は旅順攻略の要塞を実際に見に行ったことがあります。尾根《おね》のところにある要塞には、砲弾を撃つ空間がありました。隙間《すきま》はわずかしかなくて、コンクリートで覆《おお》われた兵器庫や詰《つ》め所《しょ》は地下に設置されています。あんな堅牢《けんろう》な要塞に立ち向かうためには、そもそもライフルなんかでは何の役にも立ちません。

佐藤―要塞は尾根に埋《う》めこまれて建設されているのですよね。砲撃《ほうげき》や射撃をする兵隊の「目」になる部分は、ごくわずかしか表面に露呈《ろてい》していません。

安部―トーチカというやつですね。

佐藤―ロシア語で「点」のことを「トーチカ」（tochka）と言うのですが、旅順攻略から「コンクリート製の防御《ぼうぎょ》要塞」を「トーチカ」と呼ぶようになりました。日本語圏《けん》のみならず、世界的な言葉として普及《ふきゅう》したロシア語の一つです。

それと当時、ライフルは1分間にどれぐらい撃てたのでしょうか。

安部―よっぽど手先が器用な名手でも、せいぜい5発撃つくらいが精一杯《せいいっぱい》だったんじゃないでしょうか。

佐藤―それだけ撃てれば相当な腕前《うでまえ》ですよね。ロシア軍は機関銃を装備していました。かたや日本軍には機関銃がありません。機関銃をバババババ！と乱射してくる敵に対して、単発のライフルで立ち向かっていく戦いは相当大変です。真剣《しんけん》をもっている相手に木刀で突撃していくようなものでしょう。

しかも向こうの要塞には1・5メートルくらいの厚さのコンクリート製の分厚い壁《かべ》があり、鉄板で防御している。その要塞の隙間から銃口《じゅうこう》を突《つ》き出《だ》して撃ちまくってくるわけです。

安部―でも、そんな状況《じょうきょう》で日本が人海戦術を繰《く》り返《かえ》していたら、ロシアは次第《しだい》に消耗《しょうもう》していきました。

佐藤―もし日本軍にもっと余裕《よゆう》があれば、肉弾戦と人海戦術なんてやる必要はありませんでした。簡単な話です。周囲を包囲して安全な場所から次から次へと大砲を撃ちこみ、長期戦にもちこめばいいのです。当時は空中から物資を補給することができませんでした。1年包囲し続けるつもりで態勢を組めば、必ずロジスティクスがとぎれて兵糧攻《ひょうろうぜ》め状態になります。援軍《えんぐん》が助けに来てくれない限り、籠城戦《ろうじょう》で勝ち目はありません。

バルチック艦隊来襲への恐怖感

佐藤―日本が無謀なまでの肉弾戦によって戦況を打開しようとしたのは、理由があります。バルチック艦隊《かんたい》*15が前線までやってくる事態を、日本は震《ふる》えるほど怖《おそ》れていました。ロシアの極東艦隊と日本の全海軍は、同程度の戦力でした。そこにバルチック艦隊が加勢すれば、海軍の兵力差は2倍になってしまいます。そうなればさすがに勝てません。

だからバルチック艦隊が到着《とうちゃく》する前に、日本軍は旅順港にいる艦船を全部押さえたかったのです。ただし後になってわかったのは、旅順港の艦船は大方が役に立たないものばかりだった。ということは、がんばって旅順を取っても戦況にはあまり関係なかったということです。

安部―旅順は遼東半島のいちばん突端《とったん》にありますからね。しかも港は丸く尾根に囲まれています。だから佐藤さんが言われたように、そこに警備兵を配備して、ロシア側を動けなくしておけば良かったのです。

バルチック艦隊来襲《らいしゅう》への不安があったせいで、日本軍は判断を誤ってしまった。「シベリア鉄道を使ってロシア軍がどんどん兵と武器を補給してくる」「バルチック艦隊がやってくる」という不安さえなければ、もっと常識的な戦い方ができたはずです。

陸軍は海軍から「バルチック艦隊が来る前になんとか旅順を取れ」と言われ、ものすごくせっつかれていたわけです。旅順を取れば、旅順港にあるドック（船を修理するための施設《しせつ》）を使えるようになりますから。

大砲を備えた要塞だった「お台場」のルーツ

佐藤―安部さんがおっしゃるとおり、「ドックを使いたい」という思いは、帝国海軍の司令官にとって相当強かったでしょうね。日本軍にとって、ロシアの海軍がどれほど怖《こわ》かったか。「お台場」を見ればわかります。あそこは大砲を設置するための場所だから「お台場」なのです。

安部―フジテレビがある「東京都港区台場」だけが「お台場」ではありません。黒船襲来《しゅうらい》[*16]におののいた幕末の時期、あちこちに「お台場」が設置されました。

佐藤―横須賀《よこすか》の沖合にある猿島《さるしま》という無人島は、キャンプ場として人気です。あそこに出かけると、今でもレンガで造った要塞の跡《あと》が残っています。

安部――千代ヶ崎砲台《ほうだい》（神奈川県横須賀市）、観音崎砲台（同）、城ヶ島砲台（神奈川県三浦市《みうらし》）、剱崎《つるぎさき》砲台（同）など、ほかにも「お台場」はたくさんあります。三浦半島《みうらはんとう》にある台場を見に行ったところ、旅順で目にした要塞と形がそっくりでした。

おそらく日本が造った台場の原型は、簡素なレンガ造りだったのでしょう。旅順で見た要塞はコンクリート製でした。もともとあった砲台を、太平洋戦争のときに改修したのかもしれません。

いずれにせよ、元をたどればロシアの軍事技術者も日本の軍事技術者も、ヨーロッパから要塞術を学んで同じ形の砲台を造ったのでしょうね。

■「とにかく突っこめ！」という日本式精神論

佐藤――築城という点で、日露戦争におけるロシアの働きはなかなかたいしたものでした。堅牢な旅順要塞によって日本は攻めあぐねたわけですが、砲弾が潤沢《じゅんたく》にあれば、徹底的に撃って撃って撃ちまくればいい。あるいは時間があれば包囲戦、持久戦にもちこめばいい。砲弾もないし時間もないとなると、日本にとって使える資源は人間しかありません。だから乃木希典司令官は二百三高地で「突《つ》っこめ！」と命令を下したわけですよね。

二百三高地の突撃は夜間でしたから、敵味方が相乱れたときに備えて、日本兵だとわかるように白襷《しろたすき》をかけていったわけです。そんなわかりやすい目印をつけたら、標的になっちゃうんですけどね。

安部―二百三高地で榴弾《りゅうだん》による砲撃を加えて、人海戦術でワーッ！と攻めこんでいった。旅順港の外側から攻めるのは大変でした。旅順の北西にある二百三高地は、標高２０３メートルの丘《おか》です。港を取り囲む山があって、急峻《きゅうしゅん》な坂道を登って攻めていきました。

乃木司令官自身も、長男は南山の戦いで亡くし、もう一人のお子さんは二百三高地の作戦で亡《な》くしています。「行けー！」と指揮命令を下すだけでなく、自分のかわいい息子《むすこ》を最前線の死地に追いやった。その覚悟たるやすさまじいものです。教育勅語《ちょくご》＊17や軍人勅諭《ちょくゆ》＊18による精神教育が、身を捨てて戦う兵を育て、一つの実を結びました。

佐藤―あのころの日本は、戦争を「物理的な力×精神力」といういびつな掛《か》け算《ざん》で考えていたのです。本当は「物理的な力の２乗×精神力」ぐらいが実際なんですけどね。どんなに装備が良くたって、やる気がない兵隊だらけでは戦いに勝てないのは明白です。士気（精神力）がゼロであれば、たとえ装備が充実《じゅうじつ》していたとしても戦いに負けてしまいます。では双方《そうほう》が同じ装備で戦ったとき、どちらが勝つでしょう。

安部―士気が高いほうが勝ちます。

佐藤―では装備が敵方の半分しかない状態で、士気を10倍にまで高めればどうなるでしょう。こんなことは机上《きじょう》の空論にすぎないのですが、乃木司令官は「士気を限界まで高めれば必ず勝てる」と夢想したのです。

国民国家の形成途上《とじょう》であった日本には「このままの状態であとに引けるものか」という意地がありました。ロシアにとっては、自分たちの国土を守る戦争でもありませんし、所詮《しょせん》は外国における戦争です。この戦争に負けたところで、ロシア本体が滅《ほろ》ぶなんて誰も思っていません。ですから日本とロシアの間では、戦争にかける士気の強さに抜本《ばっぽん》的な違いがありました。

安部―「為《な》せば成る」という精神論で二百三高地の戦いに勝ってしまったことは、日本にとって短期的には勝利に見えたものの、中長期的には破滅《はめつ》への一里塚《いちりづか》でした。

佐藤―「たとえ物質的には足りていない状態でも、士気さえあれば勝利できる」という誤った図式を作ってしまったのです。日露戦争での勝利の経験は、日本が無謀な太平洋戦争に突き進んでいく要因となったといえるでしょう。

▩二百三高地の白襷隊と神風特攻隊

佐藤―二百三高地での白襷隊の突撃にしても神風特攻隊《とっこうたい》にしても、「今我々がもっている資源は人間しかない。ならば銃剣《じゅうけん》を手に突撃しよう」という論理は、実はきわめて合理的なのです。

安部―抵抗《ていこう》することなく全滅するよりは、たしかに合理的な発想と言えますね。

佐藤―「この戦争には最終的には勝てないだろうな」と気づいてはいるが、本土決戦を少しでも遅《おく》らせたい。だが、もはや熟練した航空兵は全員戦死してしまった。敵艦《てきかん》の近くまで行って、爆弾《ばくだん》を落として再び基地に帰ってくることはできないだろう。それにガソリンも十分ではない。「ならば手持ちの航空機に爆弾を積んで突っこもう。これが現時点で採れる最善にして最大の作戦だ」。これまた合理的な発想です。

慶應義塾大学商学部の菊澤研宗《きくざわけんしゅう》教授は、組織の経済学や企業《きぎょう》組織の不条理現象を専門に研究しています。『組織の不条理　日本軍の失敗に学ぶ』（中公文庫）という著書で、菊澤教授は「人間は合理的に行動して間違える」と指摘し、その不条理を「限定合理性」と呼んでいるのです。私との対談のなかで、菊澤教授はこうおっしゃっていました。やや長くなりますが、興味深い説明ですのでご紹介《しょうかい》します。

〈**佐藤**―日本軍は非合理だし、飛行機に竹槍《たけやり》で向かうような精神主義だとよく強調されます。

菊澤―そういう一面もあるでしょうが、私は1990年代に研究が進んだ企業理論や組織論を援用《えんよう》して、大東亜《だいとうあ》戦争における日本軍は、合理的に行動して失敗した、と分析《ぶんせき》したわけです。

佐藤―「限定合理性」ですね。

（略）

菊澤―組織の経済学と呼ばれる新しい経済学では、すべての人間は完全合理的でも完全に非合理的でもなく、限られた情報の中で合理的に行動する、と考えるところから出発します。これを「限定合理性」と呼びます。

佐藤―そこからさまざまな組織を見ていくと、問題の在《あ》り処《か》がまったく違って見えてきたわけですね。

菊澤―ガダルカナル戦[*19]では近代兵器を装備した米軍に対して、日本軍は銃剣で肉弾突撃します。しかも一度ではなく、三度も繰り返しました。

佐藤―無謀な戦術として必ず引き合いに出されます。また小規模戦力を逐次《ちくじ》投入したことによる失敗の代名詞にもなっている。

菊澤―けれども「限定合理性」の観点からは合理的なのです。まず、白兵突撃戦術は、日露戦争後、日本のデファクトスタンダードでした。白兵戦は、日本のような資源の乏《とぼ》しい国に適合し、日本陸軍ではその戦術を多大なコストをかけて洗練させてきました。この戦術を推進すればするほど、日本陸軍は効果的に資源を蓄積《ちくせき》できたわけです。

佐藤―組織構成としても歩兵が中核《ちゅうかく》を担《にな》っていましたね。

菊澤―その通りで、もし白兵戦術を変更《へんこう》するなら組織も改変する必要があります。それには多大なコストがかかります。

佐藤―また白兵戦には成功体験もありました。

菊澤―満洲事変[20]や日中戦争、香港攻略作戦《ホンコンこうりゃく》[21]などでも、ある程度効果的でした。また、そこで功績をあげた部隊を高く評価してきた経緯《けいい》もあります。戦術を変更すれば、こうした歴史を否定することになり、士気にも関わってくる。ですから微《かす》かに勝利の可能性があれば、戦術として効果的でないとわかっていても、簡単に変えられないのです。つまり、白兵戦術を繰り返すことが合理的な選択《せんたく》だったのです。

佐藤― 変革するよりもしないほうが組織にとってメリットがあった。

菊澤― その通りです。変革より現状を維持《いじ》するコストが低ければ、それを選ぶことが合理的になります〉（『週刊新潮』２０２０年12月31日・２０２１年1月7日新年特大号）

ある与件《よけん》のなかでの合理性という点で考えると、乃木希典司令官がやったことも神風特攻隊も、ストンと腑《ふ》に落ちる形で説明できるのです。「戦時中の日本は狂《くる》っていた」で一蹴《いっしゅう》してしまう態度では、過去の戦争の本質を見誤ってしまうかもしれません。

安部― 菊澤教授が指摘するとおり、「狂っている」とか「心神耗弱《しんしんこうじゃく》状態だ」というほどではありませんでしたからね。

「熟練パイロットを失う弊害《へいがい》は我々もよくよく認識《にんしき》している。だからみすみす優れたパイロットに特攻《とっこう》を命じるわけではない。今や熟練パイロットが誰もいなくなってしまった。ならば残る資源を投入するしかない。特攻によって若い兵士の命を失っても、その戦いによってより多くの人命が救えるではないか」

こうした思考様式は尋常《じんじょう》ではありませんが、合理的とも言えます。

佐藤―そのとおりです。

■陸軍のエージェント・明石元二郎の暗躍

安部―一見無謀と思える日露戦争の戦いの裏では、陸軍参謀本部の諜報《ちょうほう》要員である明石元《あかしもと》二郎《じろう》*22が、西ヨーロッパやロシア、アジア諸国で謀略《ぼうりゃく》戦を展開していました。

佐藤―エージェント（諜報要員）としての明石の謀略戦を、のちに陸軍中野学校が手本にします。

安部―日露戦争前夜の1902（明治35）年、明石はロシア公使館付陸軍武官として着任し、スパイ活動によってロシアの国内を攪乱《かくらん》します。ロシア国内の革命派を煽動《せんどう》し、第1次ロシア革命を起こすために情報提供や資金提供といった謀略活動を展開しました。

これは日英同盟のおかげなのですが、日露戦争の開戦前に明石はイギリスの諜報部員と組んで謀略戦を繰《く》り広《ひろ》げています。材木商になりすましたイギリスの諜報部員を、彼は旅順に送りこみました。材木の商《あきな》いを通じてロシア人と親しくなり、商売人のフリをしてニコニコ笑いながら、要塞を見学させてもらっているのです。

要塞の内部の構造、旅順港の様子を、イギリス人のエージェントは明石の元に逐一《ちくいち》報告していました。考えなしに二百三高地の戦いに突撃したわけではなく、あのころの日本にはとんでもない周到《しゅうとう》さがあったのです。ドイツ皇帝《こうてい》ヴィルヘルム2世[*23]は「明石元二郎の活躍《かつやく》は、日本軍20万人の働きに匹敵《ひってき》する」とまで評価したそうです。

佐藤―レーニン[*24]は「ちょこまか国家の指導部を入《い》れ替《か》えたところで、国家のシステムは根本的には変わらない。全部転覆《てんぷく》する革命が必要だ」と構想しました。ロシア革命支持派やフィンランドの民族独立運動[*25]家といった連中に、明石元二郎が情報やカネを与えて武器の購入《こうにゅう》を手伝っていたのです。

安部―明石元二郎は児玉源太郎《こだまげんたろう》[*26]（満州軍総参謀長、のちに参謀総長）から直接命令されて陸軍武官としてロシアに赴任《ふにん》しました。「いくらカネを使ってもいい」と言われ、現在の貨幣《かへい》価値で400億円分もの工作資金を与えられているのです。使い道はいちおう精算書として提出しているのですが「ここがいくらか足りないのは、列車の中に忘れた分です。うっかりしました」なんて報告までご丁寧《ていねい》にしているのが笑えます。

佐藤―用途《ようと》不明の機密費は「道端《みちばた》に落としてきました」とでも言っておけば良かったのですよね。牧歌的なエピソードです。

▓明石元二郎とレーニン　幻の邂逅

佐藤　第１章で、１９６９（昭和44）年に公開された映画「日本海大海戦」をご紹介しました。この映画で、明石元二郎陸軍大佐を仲代達矢《なかだいたつや》が演じています。小話ですが、この映画でレーニンと明石をめぐるマユツバなエピソードが出てくるんです。

「ははは。旅順陥落《かんらく》は、ロシア帝国主義の没落《ぼつらく》を早めるから」

「明石サン、ワカリマスカ」

「私もレーニンとはジュネーヴで会いましたがね。いやあ、彼はほしいものがあると何でも買いたくなるんだな。自分でも乱費家だと言っていましたよ」

「ソウデスカ。小遣《こづか》イモナイノニ」

「小遣いはときどきロシアから送ってくるらしいが。モスクワで芝居《しばい》をお母さんといっしょに観《み》たいなんて言っていましたよ」

ちなみに司馬遼太郎《しばりょうたろう》も、レーニンと明石元二郎の邂逅《かいこう》について書いています。レーニンと会ったときに高いタバコを吸っていたら「そのタバコを吸うのはやめろ」と言われた。「庶《しょ》民《みん》的なタバコを吸わないと、おまえはスパイ活動なんてできないぞ」と諭《さと》されたというのです。

安部―なるほど。日常の生活必需品《ひつじゅ》を庶民レベルに合わせなければ、相手は不信感を抱いて心なんて開いてくれませんからね。

佐藤―ところがどうも歴史的、実証的に、レーニンと明石元二郎が気心が知れた仲だったという話は大ウソらしいのです。ロシアは明石という人物を警戒《けいかい》していまして、オフラーナ（Охрана）というロシア皇帝付きの秘密警察が彼をずっとつけ回して監視《かんし》していました。

レーニンが何をやっていたかは、残された文書によってほぼ全容が明らかになっています。どの公式文書や秘密文書を見ても、レーニンと明石が会った形跡《けいせき》はどこにも見当たりません。

安部―つまりレーニンと明石元二郎が直接会って何を話したかを確かめるためには、明石側の資料を見るしかないのですね。

佐藤―その本人の手記に、とんでもないウソっぱちが書かれている可能性が高いのです。話を膨《ふく》らませておもしろくする講談師や落語家のような能力も、インテリジェンス・オフィサー（情報専門家）には求められます。

安部―なるほど。明石元二郎は、敵だけでなく味方をも騙《だま》くらかす、稀代《きだい》の噺家《はなしか》であり詐欺《さぎ》師だったのかもしれませんね。

佐藤――私は外務省にいるとき、若手外交官に「司馬遼太郎の『坂の上の雲』（文春文庫）でロシアを勉強したらだめだよ」と指導していました。司馬遼太郎が書いた『ロシアについて』（同）というエッセイはとても参考になるのですが、司馬の小説の中には、明石元二郎の話などウソ話が混じりこんでいるのです。こういう玉石混交《ぎょくせきこんこう》のテキストを読んでロシアを理解した気になると、専門家として間違えた道を歩むことになります。

第6章　バルチック艦隊来襲

恐れていたバルチック艦隊が
ついに現れた。
しかし、連合艦隊は
バルチック艦隊を打ち破る。
連合艦隊が勝利した理由とは何か。

▩朝河貫一の『ポーツマス条約論』

佐藤　日露《にちろ》戦争が開戦すると、朝鮮半島《ちょうせんはんとう》に上陸した第一軍は半島の制圧に成功します。1904（明治37）年5月には第二軍が遼東半島《リャオトンはんとう》[*1]に上陸しました。乃木希典《のぎまれすけ》が旅順《リュイシュン》攻略に臨《のぞ》むと、1904年8月にロシアの旅順艦隊が旅順を捨て、ウラジオストクへ遁走《とんそう》しようとします。

黄海《ホワンハイ》海戦[*2]によって、日本の連合艦隊はロシアの旅順艦隊を撃破《げきは》しました。さらに1904年8月、連合艦隊は蔚山《ウルサン》沖海戦[*3]にも勝利します。戦況《せんきょう》がまずいと見るや、ロシアはバルチック艦隊を遠征《えんせい》させました。

第5章でも語り合ったとおり、バルチック艦隊が到着《とうちゃく》する前になんとしても奪取《だっしゅ》しておきたかったのが旅順港です。二百三高地での死闘《しとう》によって、日本軍は旅順を押さえました。そして1905（明治38）年5月、東郷平八郎《とうごうへいはちろう》[*4]司令長官が率いる連合艦隊がバルチック艦隊の撃破に成功します。

安部　一連の戦闘《せんとう》で日本軍が何人死に、ロシア軍では何人死傷者が出たのか。さまざまな資料を参照すると、数字の表記はまちまちで本当のところはよくわかりません。共通して言えるのは、どの資料にもロシアと日本でほぼ同数の死傷者数が書いてあります。

「そんなことはありえないだろう」と僕はずっと疑問に思ってきました。城にこもっている敵方を攻め、堅牢《けんろう》な陣地《じんち》を完璧《かんぺき》に敷《し》いている敵方を攻めるわけです。「だったら日本のほうが圧倒的《あっとうてき》に被害《ひがい》は多かったはずだ」と思い、ずいぶん違和感《いわかん》を抱《いだ》いてきました。

イエール大学教授を務めた朝河貫一《あさかわかんいち》＊5（歴史学者）が書いた『ポーツマス条約論』という本には、こう書いてあります。

〈日本は一六億円と七万二、四八〇人の命を完全に失い、ロシアは三・五万人の生命と日本の二倍以上の金額を浪費したように見える〉（『ポーツマスから消された男　朝河貫一の日露戦争論』矢吹晋著・翻訳、東信堂、１６０頁／朝河貫一の原文は英文）

朝河によると、日本軍はロシアの2倍近い死者を出しているのです。後述するように、朝河貫一はポーツマス条約に関与《かんよ》している重要人物ですし、これがいちばん実数に近いのではないでしょうか。

佐藤　だとすると、これまた珍《めずら》しいですね。勝っている国のほうが、敗戦国より2倍も戦死者が多いことになりますから。通常の戦争では、勝っている側の戦死者は敗戦国の3分の1以下です。日本がどれぐらい必死だったか。この戦争の終わり方が、非対称《ひたいしょう》的な終わり方だったことをよく示しています。

日本は力を出し尽《つ》くしたところで、なんとかアメリカの調停にすがって停戦にもちこみました。ポーツマス条約を結んだ当時のロシアは「日本が蹴《け》っ飛《と》ばすのだったら、引き続き戦争をやってもいいよ」というぐらいの感じでしたからね。日本の場合、「この戦争に敗れたら国家がなくなる」というくらい、ロシアとは死活的重要性がまったく異なったのです。

▒バルチック艦隊の下級水兵が書いた戦記『ツシマ』

安部―「多大な痛みを被《こうむ》った日本は、はたして日露戦争に勝ったと言えるのか」という問いがあります。佐藤さんは「戦争に勝ったか、負けたか」という問いに対してどう答えますか。

佐藤―戦争に勝ったか、負けたかを確かめるためには、戦争の前と後でどう変わったかを見ればいいと思います。日露戦争が終わると、ポーツマス条約によって日本は樺太《からふと》(サハリン)の北緯《ほくい》50度以南を譲《ゆず》り受《う》けます。それから満州における優先権をもつようになりました。朝鮮半島の保全が確実にできるようになり、アジアを植民地として拡大していく基盤《きばん》ができたわけです。結果として取れるものを取れたので「日本は日露戦争に勝った」と言えると思います。

安部―ただし、相当切羽詰《せっぱつ》まった形での勝利ではありました。

佐藤―戦場にたどり着くまで、バルチック艦隊が疲《つか》れきっていたことが大きな勝因でした。旧ソ連時代に何度も重版された『ツシマ』というノンフィクション小説があるんです。『ツシマ　上　バルチック艦隊遠征』『ツシマ　下　バルチック艦隊壊滅《かいめつ》』（ノビコフ・プリボイ著、上脇進翻訳、原書房）というタイトルで、日本語に翻訳もされています。

安部―それはどんな記録ですか。

佐藤―プリボイは下級水兵としてバルチック艦隊に乗りこみ、戦争に負けて捕虜《ほりょ》になりました。小説家だったプリボイは、帰国後に自らの体験をもとに『ツシマ』という長篇《ちょうへん》小説を書きます。この本を読むと、バルチック艦隊はひどい有様《ありさま》だったのです。

彼《かれ》が乗っていた小さな船は冷暖房《れいだんぼう》の設備が入っていなくて、とても暑くて食べ物が腐《くさ》っていました。

安部―それでは兵士の士気もへったくれもありませんね。

佐藤―プリボイの記録を読んでいると「やはり大きな船に乗らないとだめだな」としみじみ

思います。大きな船は、当時から冷暖房が完備されているのです。小さな船にはそんな設備は何もなくて、しかも冷蔵庫もありませんから、食べ物はとにかく腐っていますから、腐ったものを食べながら灼熱地獄《しゃくねつじごく》にさらされるのです。これはたまりません。

　戦争中は日英同盟が機能しているので、イギリスの息がかかった国の港ではロシアは石炭や食糧《しょくりょう》を積ませてもらえません。ひどい目に遭《あ》いながら南アフリカの喜望峰《きぼうほう》回りで遠征を続け、みんなクタクタの状態で連合艦隊との戦場にたどり着いたのです。喜望峰の海は激しく揺《ゆ》れますから、さぞかしキツかったでしょう。マダガスカルの周辺を通るころには、息も絶え絶えだったはずです。

安部――2回も赤道の下を通り、赤道直下の過酷《かこく》な猛暑《もうしょ》のなかを超《こ》えてきたのだから大変です。

佐藤――これは「歴史のif」ですけど、もしバルチック艦隊が日本近海に近づいたとき、対馬《つしま》海峡《かいきょう》を通らずに太平洋側を北上し津軽海峡から回りこんでいたらどうだったでしょう。東京湾《とうきょうわん》の中に立ち寄って東京と横浜《よこはま》に艦砲射撃《かんぽうしゃげき》を加え、釜石《かまいし》あたりの港でまた撃《う》つ。陸奥湾《むつわん》あたりでさらに一発撃って、津軽海峡《つがるかいきょう》経由で連合艦隊と会戦していたら、だいぶ戦況は違《ちが》いました。特に東京なんて、とんでもないパニックに陥《おちい》ったことでしょう。

　バルチック艦隊に、そうしたことを行う余裕《よゆう》はまったくありませんでした。食糧はあるけれども腐っている。水兵は飢《う》えて疲《つか》れ切《き》っていて、一刻も早く戦争を終わりにしてロシアの港に帰りたい。最後のひと踏《ふ》ん張《ば》りの力なんて残っていなかったのです。

■ロシア軍を徹底的に疲弊させたロジスティクスの罠

安部―バルチック艦隊がバルト海のリバウ港を出港したのは、１９０４年10月中旬《ちゅうじゅん》のことです。連合艦隊がバルチック艦隊に壊滅的打撃《だげき》を与《あた》えたのは１９０５年５月28日ですから、ここまでで出港から約７カ月かかっています。バルト海から喜望峰回りでアフリカ大陸を周回《しゅうかい》し、マダガスカル島北西端《ほくせいたん》のノシベに入港したのは同年１月９日でした。マダガスカルで一休《ひとやす》みするまで、２カ月ちょっとかかった計算です。

佐藤―バルチック艦隊はなぜマダガスカルに寄ったのでしょう。露仏《ろふつ》同盟があるからです。だからフランスの植民地であるマダガスカルを利用することができました。

安部―日英同盟があるおかげで、日本はイギリスの植民地にある港を利用できました。日英同盟が逆バネとして利《き》いているおかげで、ロシアはイギリスの植民地には寄港できません。

佐藤―ロシアはフランスの植民地にしか寄れないんですよね。燃料や食糧や水の補給は、マダガスカルでやる必要がありました。

『日本の歴史⑱ 日清《にっしん》・日露戦争』（海野福寿著、集英社）によれば、ロシア軍は1905年1月9日にマダガスカルに入港し、出港したのは同年3月16日です。

安部― マダガスカルに2カ月以上も滞在《たいざい》した計算です。

佐藤― マダガスカルでは、次なる係留地であるカムラン湾《わん》（現在のベトナム南部）に行くための水や石炭を積みこみました。兵士に休養も十分とらせています。

安部― 当然船を修理する必要もあったでしょうしね。

佐藤― 長い航行を経て、船はいたるところが壊《こわ》れていますからね。ちなみにカムラン湾には1905年4月14日に入港し、1カ月後の5月14日に出港しました。バルチック艦隊は休みをきちんと取りながら戦地へ向かっているんですよね。

■負けるべくして負けたバルチック艦隊

安部― 日本は黄海海戦でも勝ち、蔚山沖海戦でも勝ち、連戦連勝でした。1905年1月1日に旅順を陥落《かんらく》させたおかげで、旅順港を自由に使えるようになっています。それからバルチック艦隊と本格的に激突《げきとつ》するまで、5カ月も時間がありました。旅順港に戦艦《せんかん》を入れて、ドックに船を入れて修理したり弾薬《だんやく》の補給をしたり、兵士に休養を取らせる時間が十分あったのです。じっくり準備できる時間が5カ月もあったことは、日本にとってこのうえなく有利でした。

バルチック艦隊を撃破できたもう一つの要因は、地の利です。海域の特徴《とくちょう》を知っているかどうかは、海上の戦闘にとてつもない影響《えいきょう》を及《およ》ぼします。潮の流れや風向きを熟知した帝国《ていこく》海軍は「実際の戦闘ではここを通る」という想定のもとに、ものすごく綿密な作戦計画を立てました。いざ戦争になったとき、どんな戦い方をするかという訓練も十分積んでいます。

先ほど佐藤さんが触《ふ》れた燃料補給も重要です。ロシア側は係留地で良質な石炭を積みこめませんでした。すると当然、船のスピードは落ちます。日本はロシアとは対照的でした。良《い》い石炭を十分積載《せきさい》し、戦艦[*6]のスピードと操作性は抜群《ばつぐん》です。砲撃《ほうげき》を担当する砲兵《ほうへい》の熟練度も上々でした。

佐藤―戦争モノの映画を観《み》るとよくわかりますけど、海戦になると砲弾《ほうだん》の補給を担当する海兵はものすごく忙《いそが》しいんですよね。

安部―重たい弾《たま》を詰《つ》めこんで撃つ。薬莢《やっきょう》がボン!と出て砲弾が飛んでいったら、要《い》らないゴミをかたづけて、また弾を詰めこんで撃つ。こうした一連の作業の熟練度が問われます。

1分間で何発撃てるかは、訓練の度合いによって圧倒的に変わってくるのです。訓練を十全に積んだ最良の状態で、日本は疲れきったバルチック艦隊を迎《むか》え撃《う》ちました。

佐藤—ロシア軍が使っていた火薬は日本とは種類が違って、煙《けむり》がすごくたくさん出ます。次の砲弾を補充《ほじゅう》するまでにそこらじゅう真っ黒になっちゃって、ススが落ちるまでなかなか砲弾を補充できないんですよね。

安部—カムラン湾を出るときには、ウラジオストクまでたどり着くために大量の石炭を積《つ》み込《こ》まなければなりませんでした。石炭を満載《まんさい》してやってきたら日本軍から砲撃されて、300度なんていうとんでもない高温で燃える下瀬《しもせ》火薬の砲弾にやられてしまった。船上では一瞬《いっしゅん》にして火災が発生し、バルチック艦隊はハチの巣をついたような大混乱に陥りました。

■バルチック艦隊と連合艦隊の兵力差

安部—『日本の歴史⑱　日清・日露戦争』の資料（180頁）に、バルチック艦隊と連合艦隊の兵力が書かれています。

▼戦艦　バルチック艦隊＝8隻《せき》　連合艦隊＝4隻

▼巡洋艦《じゅんようかん》＊7　バルチック艦隊＝9隻　連合艦隊＝20隻
▼駆逐艦《くちくかん》＊8　バルチック艦隊＝9隻　連合艦隊＝21隻
▼海防艇《かいぼうてい》＊9　バルチック艦隊＝3隻　連合艦隊＝5隻
▼水雷艇《すいらいてい》＊10　バルチック艦隊＝0隻　連合艦隊＝42隻

バルチック艦隊の戦艦は、日本の2倍もありますね。

佐藤—ただし連合艦隊の旗艦《きかん》である「三笠《みかさ》」＊11は、1902（明治35）年竣工《しゅんこう》の最新鋭《しんえい》です。

安部—連合艦隊の巡洋艦や駆逐艦は、バルチック艦隊の2倍以上ありました。大型の戦艦に比べてはるかに小回りが利きますから、スピードで勝負できます。

佐藤—魚雷《ぎょらい》をもって近づいていく水雷艇も、連合艦隊はたくさんもっていました。バルチック艦隊との激突では、水雷艇はあまり活躍《かつやく》できませんでしたけどね。どうしてかというと、有名な「本日天気晴朗《せいろう》ナレドモ波高シ」のせいです。

安部—日露戦争を指揮した秋山真之《あきやまさねゆき》＊12は名文家として知られます。日本海海戦のときに発した「本日天気晴朗ナレドモ波高シ」という報告文は特に有名です。

佐藤—波が高い日は、水面が揺れすぎて水雷艇が使えないんですよね。連合艦隊にとって、

42隻もあった水雷艇が実は重要戦力でした。水雷艇は、魚雷を吊《つ》って大きな敵艦《てきかん》のすぐ横まで進軍します。そこで魚雷をパッと離《はな》して、魚雷を敵艦に当ててから帰ってくるのです。これは一種の肉弾《にくだん》接近戦ですから、波が高いと攻撃《こうげき》できません。水雷艇をフル活用できていたら、バルチック艦隊との対決はもっと有利に進んでいたでしょう。

▩下手な鉄砲　数撃ちゃ当たらない

安部―前出の『日本の歴史⑱　日清・日露戦争』の資料（180頁）によると、火砲《かほう》（大砲《たいほう》）の門数にはそんなに差はありません。なお、帝国海軍は砲《ほう》のサイズを英語読みの「センチ」(centimeter)ではなく、フランス語読みの「サンチ」(centimètre)と表記します。

▼主砲《しゅほう》30サンチ　バルチック艦隊＝33　連合艦隊＝17
▼主砲20サンチ　バルチック艦隊＝25　連合艦隊＝34
▼副砲15サンチ　バルチック艦隊＝106　連合艦隊＝202

佐藤―30サンチの主砲の数がこれだけ違っているのは、相当な兵力差です。ただし連合艦隊は、バルチック艦隊の2倍近くも副砲をもっていました。これは接近戦になったときに有利です。

安部─主砲は5～6キロメートル飛びますが、命中率は驚《おどろ》くほど低いのです。

佐藤─運良く当たれば船が半分ぐらい吹っ飛《ふと》びますけど、なかなか当たらないんですよね。

安部─そりゃそうですよね。だって撃っている側も揺れているし、相手も揺れていますから。

佐藤─赤外線センサーでもって相手の動きに合わせて追跡《ついせき》するとか、現代のような装置はないわけです。当時はレーダーすらありませんでした。双眼鏡《そうがんきょう》で目測しながら「10時の方向へ、撃てっ！」なんてやっているわけですから、それは大変ですよ。

安部─当たったのが不思議なぐらいですよね。東郷平八郎なんて、敵の砲撃をかいくぐりながら6000メートルの距離《きょり》まで近づいたという記録があります。対馬沖に出現したバルチック艦隊が8000メートルの距離まで近づいたとき、東郷平八郎は有名な「丁字《ていじ》作戦」を展開しました。

佐藤─旗艦「三笠」をはじめ、連合艦隊の艦船《かんせん》が艦首《かんしゅ》を左へ急旋回したのですよね。横並びに並んだ連合艦隊が、まっすぐ向かってくるバルチック艦隊を丁字型に通せんぼする形になったと言います。ただしこの「丁字作戦」がなかったと言う軍事専門家もいます。事実がどうであれ「丁字作戦」で連合艦隊が勝利したという物語は日本人の間に定着しました。

安部―6000メートルの距離から、連合艦隊が「丁字作戦」によって総攻撃を加えたと言われていますが、「15サンチの副砲なんて威力《いりょく》が少ないだろう」と思いがちですが、そうではありません。3000度の高温で燃える下瀬火薬を使って撃った砲弾は、主砲クラスの破壊《はかい》力《りょく》をもたらしたはずです。

伊集院《いじゅういん》信管の技術力も、決定打になったと思います。それまでは敵艦に直接当たらなかったら爆発《ばくはつ》しなかったものが、近くに落ちただけで爆発するようになりました。地の利を熟知していた。補給態勢も訓練も整っていた。作戦力があり、高い技術力があった。これらの要因が相まって、連合艦隊はバルチック艦隊に勝利したのです。

■竹島と宮古島で索敵にあたった日本側の斥候

佐藤―インテリジェンス（諜報）能力が高まっていたことも、戦況を有利にしました。いずれやってくるバルチック艦隊との激突に備えて、日本は索敵《さくてき》のネットワークをあちこちに張《は》り巡《めぐ》らせていたのです。バルチック艦隊が来ることがわかっていた日本は、あらかじめ竹島を領有して基地を設置しました。

竹島以外にもあちこちに日本の観察所を作って工作員を送りこみ、バルチック艦隊の動静を調べます。最終的に信濃《しなの》丸という日本郵船の特務艦がバルチック艦隊を見つけるわけですけどね。

安部―有名な「敵艦隊ノ煤煙《ばいえん》ラシキモノ見ユ」ですね。

佐藤―霧《きり》の中を航行していたら、バルチック艦隊がいる中に信濃丸が間違《まちが》えて入っちゃった。撃沈《げきちん》されることを覚悟《かくご》で、「敵艦隊ノ煤煙ラシキモノ見ユ」のあとも無線でバルチック艦隊の動向を連絡《れんらく》し続けるのです。さらに補足すると、信濃丸よりも早く宮古島の漁民たちがバルチック艦隊を見つけました。漁民はサバニ（沖縄の小船）をあわてて漕《こ》いで石垣島《いしがきじま》までたどり着き、敵艦襲来《しゅうらい》の連絡を入れています。連絡は信濃丸の１時間遅《おく》れになりましたが。

安部―ベトナムのカムラン湾にバルチック艦隊が入ったときから、彼らが対馬海峡からウラジオストクをめざすであろうことは当然知っていました。商船に偽装《ぎそう》した偵察《ていさつ》船を出したりと、バルチック艦隊が来ることを想定して日本はありとあらゆる手を打っています。結果的に、日本の戦争史のなかで特筆すべき大勝利に終わりました。

佐藤―ここで大勝利したことが、１９４５（昭和20）年に至る日本の歴史を大きく変えていきます。「バルチック艦隊撃破」という熱狂《ねっきょう》的な体験から、みんなが逃《のが》れられなくなってしまったのです。

第7章　ポーツマス条約

ポーツマス条約が成立した。
なぜロシアは講和を受け容れたのか。
なぜ日本は賠償金を取れなかったのか。
講和条約が成立した裏には、
日本の立場を米国に訴えた男がいた。

▩ 1905年1月の「血の日曜日事件」

安部―日本海大海戦でバルチック艦隊《かんたい》が敗れると、日本とロシアはアメリカの講和勧告《かんこく》を受《う》け容《い》れてポーツマス条約を結びました。ロシアにはまだ戦力的な余力があったにもかかわらず、なぜロシアは講和を受け容れたと思いますか。

佐藤―内政が混乱していたせいでしょう。ロシアの民衆は「こんな戦争、もう勘弁《かんべん》してくれ」と悲鳴を上げ、平和を求めていました。「こんな無意味な戦争は一刻も早くやめろ」と反戦運動が広がれば、首都サンクト＝ペテルブルクの治安がますます悪くなります。継戦《けいせん》が国内を混乱させることが、最大の不安要因でした。

安部―日本海大海戦の4カ月前、1905年1月22日に「血の日曜日事件」が起きました。サンクト＝ペテルブルクにいた18万人の労働者のうち、6万人がデモに参加したと言われます。

佐藤―デモの指導者は、ガポンという正教会の神父でした。暴力的な反体制運動ではなく、これは普通《ふつう》の平和デモです。

安部―労働運動で言うところの「請願《せいがん》」ですよね。

佐藤―ええ、彼らは武器をもっていませんでした。ところが武装した騎馬《きば》警備隊が、丸腰《まるごし》の労働者をいきなり撃《う》ってきたのです。現場は流血の大惨事《だいさんじ》になり、なんと「血の日曜日事件」によって2000人以上が殺されました。デモを鎮圧《ちんあつ》するために2000人以上も虐殺《ぎゃくさつ》するとは、尋常《じんじょう》な事態ではありません。

非暴力の運動に対して暴力的な弾圧《だんあつ》をすると、権力の正当性は一気に揺《ゆ》らぎます。もしこれが武装デモだったら「鎮圧して当然だ」という理屈《りくつ》が成り立つでしょう。非武装の労働者に向かって、非対称《ひたいしょう》な形で武力によって抑《おさ》えつける。「なんでそんな乱暴なことをするのだ」と、民衆の怒《いか》りが爆発《ばくはつ》するのは当然です。

安部―「オレたちは平和的な請願運動をやっているのに、権力側は民衆に銃《じゅう》を向けてきた。ならばオレたちも武装するべきだ」と言い出す人が出てきても不思議はありませんね。

佐藤―それまでロシアの反体制勢力は「非武装で平和的に政治要求していくのだ」という運動のほうが支持を集めていたのです。「血の日曜日事件」をきっかけに「こちらが非武装であっても、国家権力は暴力によって鎮圧しようとする。ならば暴力革命に訴《うった》えるしかない」という気運が強まりました。「血の日曜日事件」を引き起こしてしまったことが決定的な引き金となって、トロツキー[*1]やレーニンが「権力は暴力でしか転覆《てんぷく》できない」と考えるようになっていったのです。

▩日露戦争の時代にアメリカが日本に好意的だった理由

佐藤―セオドア・ルーズベルト大統領が日露《にちろ》の講和を買って出た当時、アメリカの世論は日本にとても好意的でした。アメリカの民主主義的な価値観から見ると、日本には大日本帝国《だいにっぽんていこく》憲法が制定されており、今日ほどではないにせよ、言論・表現の自由もあります。

安部―かたやロシアは憲法も作らず、デモをやる反対派は力で抑えて殺しまくっている。「ロシアはとんでもない国だ」という受け止め方だったのでしょう。

佐藤―アメリカは中国の門戸開放[*2]を求めていました。アメリカが中国に進出するにあたり、ロシアを排除《はいじょ》することに意義を見いだした側面も大きいと思います。

安部―伊藤博文《いとうひろぶみ》は、ルーズベルト大統領と旧知の仲である貴族院議員・金子堅太郎《かねこけんたろう》[*3]（ハーバード大学法律学科出身）をアメリカに派遣《はけん》しました。金子はアメリカでおおいにロビー活動を展開します。「日本には領土的野心はない」「清《しん》の独立と領土保全、機会均等、門戸開放を保障する」という意向をホワイトハウスに吹《ふ》きこみ、外交努力によって日本への支持を集めました。

日本がロシアを満州から排除してくれれば、アメリカが大陸に入りこむチャンスが生まれます。日米の思惑《おもわく》が一致《いっち》したのです。

佐藤―少しシビアに見ると、アメリカの銀行が日本にカネを貸しつけていたことも大きいと思います。最終的に日本が戦争に負けたら、貸したカネが焦《こ》げついて貸し倒《だお》れになりますからね。戦争の歩留《ぶど》まりを見ながら「このへんでやめておいてもらおう」と考えたはずです。

日露戦争を軟着陸《なんちゃくりく》させれば、貸したカネをちゃんと返してもらえますからね。

安部―そこは現代もいっしょです。今のウクライナ戦争だって、戦争のおかげで大儲《おおもう》けしている銀行や武器商人がいます。当然、ウクライナ政府に巨額《きょがく》のカネを貸しつけている人たちだっているでしょう。

■金子堅太郎と朝河貫一とイェール大学のロビー活動

安部―第６章でも名前を挙げた朝河貫一《あさかわかんいち》は、金子堅太郎と連携《れんけい》してイェール大学を動かしました。

佐藤―朝河貫一の存在は重要です。アメリカの頭脳とも言えるイェール大学は、ワシントンの動向とアメリカの世論形成に多大な影響力《えいきょうりょく》をもっていました。

安部— 朝河貫一は、イエール大学の人脈を使ってどういう働きをしたのでしょう。たとえば1904年10月14日、金子堅太郎がイエール大学のセオドア・S・ウールゼイ[*4]教授やフレデリック・ウェルズ・ウィリアムズ[*5]助教授から「イエール提案」を受領しました。ウィリアムス助教授は朝河貫一のイエール大学院時代の指導教員であり、朝河が1904年11月に英語で出版した『日露衝突《しょうとつ》』に序文を寄せた人物です。朝河貫一が政権に太いパイプをもつ大学教授たちを動かして、日露戦争講和交渉《こうしょう》の条件作りを整えていったのです。世界に理解される日露戦争の講和条件を、朝河はイエール大学の頭脳といっしょに練り上げようと努力しました。

佐藤— 朝河貫一はイエール大学大学院に進んでから、アメリカに根を下ろして50年余り暮らしていました。日本は、朝河に頼《たよ》りポーツマス条約の下地を整えていったのです。

安部— イエール大学には「スカル・アンド・ボーンズ[*6]」という秘密結社があります。ここの名簿《めいぼ》には大統領経験者をはじめ、アメリカの政財界の有力者が並んでいました。

佐藤— CIA（アメリカの対外情報機関）の職員も大勢いますね。

安部— こういうネットワークをフル活用して、朝河はルーズベルト大統領に日本の立場を訴え続けました。こうした活動が功を奏し、日本にとって有利なアメリカ世論を形成していったのです。『日露衝突』の出版や講演会を開いたりしながら、日本がロシアと戦争する理由を、朝河はアメリカ人に訴えていきました。

朝河は受け取った「イエール提案」を4カ月ばかり寝《ね》かせて温存しておいたあと、金子堅太郎がタイミングを見計らって小村寿太郎《こむらじゅたろう》外務大臣あてに電報で伝えます。１９０５（明治38）年2月12日のことです。

『ポーツマスから消された男　朝河貫一の日露戦争論』（矢吹晋著・翻訳、東信堂、20〜21頁）に、「イエール提案」と日本側の講和条件を比較《ひかく》した表が載《の》っていました（図表3）。「イエール提案」の多くが講和条件に採用されていることがわかります。

佐藤─朝河はアメリカに留学するときに、大隈重信《おおくましげのぶ》[7]や徳富蘇峰《とくとみそほう》、勝海舟《かつかいしゅう》[8]から金銭的援助《えんじょ》を受けていました。明治の元老とのつながりがもともと強くあり、政府とは通じていたのでしょう。たしかイエール大学の教授になった日本人は彼が初めてですよね。抜群《ばつぐん》に頭が良《よ》いうえに、アメリカ人と結婚《けっこん》しています。日米両国の架《か》け橋《はし》になれる数少ない日本人でした。

二本松藩出身の異端児・朝河貫一

佐藤─興味深いのは、朝河貫一の父・正澄《まさずみ》[9]は二本松藩《にほんまつはん》[10]の藩士《はんし》だったということです。二本松藩は戊辰《ぼしん》戦争[11]（1868〈明治元〉年～69〈明治2〉年）で新政府軍と戦い、二本松城は炎上《えんじょう》落城（1868年7月）しています。日露戦争の真っ最中なんて、戊辰戦争の記憶《きおく》がまだみんなの頭の中に色濃《いろこ》く残っています。アメリカに飛び出さず日本国内で活動していたら、賊軍《ぞくぐん》の汚名《おめい》を着せられた二本松藩の父親をもつ朝河貫一がここまで活躍《かつやく》できたとは思えません。

安部—そうでしょうね。日本国内の学者から「なんだあいつは。二本松藩の人間やないか」と軽《かろ》んじられたことでしょう。

佐藤—でも日本の政治家は、そんな朝河貫一をたいせつにしました。アメリカとの外交交渉に欠くことができない存在だったのです。

安部—余談ですが、ポーツマス条約締結《ていけつ》の裏で『日露衝突』を書いて活躍した朝河貫一は、日本が満州の植民地化に乗り出そうとする様子を諫《いさ》めて『日本の禍機《かき》』を書きます[12]（1909〈明治42〉年刊）。日米開戦の直前には、当時のフランクリン・ルーズベルト大統領に昭和天皇あての親書を書いてもらって、日米衝突を避《さ》けようとしました。

太平洋戦争が敗戦したときには、なんとか天皇制を存続させようと奔走《ほんそう》した人です。日米両政府とのパイプを誰《だれ》よりも強く太くもっていました。

佐藤—50年余りアメリカに暮らした朝河貫一でしたが、一貫《いっかん》して祖国・日本への想《おも》いは抱《いだ》き

	日本側講和条約12カ条（1905年8月10日提出）	イェール提案の内容
1	ロシアは日本が韓国において卓越する利権をもつことを認めること	9. 韓国における保護権の確立
2	ロシアは満州から撤退すること	7. 満州における政治的権利の放棄と中国の主権回復
3	満州のうち日本占領部分は清国に返還すること、ただし遼東半島の租借地は除く	7. 満州における政治的権利の放棄と中国の主権回復
4	日露は清国が満州の商工業発達のために採る措置を妨げないこと	7. 満州における政治的権利の放棄と中国の主権回復
5	樺太を日本に譲渡すること	12. 領土の割譲なし
6	旅順大連の租借権をロシアは日本に移転すること	8. 旅順港は一時管理し、中国へ引き渡し
7	ハルビン旅順間鉄道をロシアは日本に移転すること	13. 鉄道の処分は重要な争点
8	満州横貫鉄道を軍事目的に使用しないこと	13. 鉄道の処分は重要な争点
9	ロシアは日本に戦争の実費を支払うこと	11. 賠償なし
10	中立国のロシア艦艇を日本に引き渡すこと	10. 日本への引き渡し
11	ロシアは極東における海軍力を制限すること	6. 極東海軍は5万トン以内
12	オホーツク、ベーリング海などにおける漁業権を日本に与えること	イェール提案になし

図表3／「イェール提案」と「日本側講和条件」
（『ポーツマスから消された男　朝河貫一の日露戦争論』より）

続けたわけですね。同時にアメリカ人としてのアイデンティティーも持ち合わせていたはずです。だからこそ両国の架け橋になれた朝河には、コスモポリタン（世界市民）という精神性が備わっていたように思います。

■ポーツマス条約と日比谷焼き打ち事件

佐藤—1905（明治38）年9月、ニューハンプシャー州のポーツマスでポーツマス条約が結ばれました。17回にわたって開かれた講和会議の結果、多くの民衆が望んだ賠償金獲得《ばいしょうきんかくとく》を日本は断念します。ポーツマス条約では次のような取り決めがなされました。

（1）朝鮮半島《ちょうせんはんとう》における日本の権益の承認《しょうにん》
（2）日本とロシアは満州から全軍隊を撤収《てっしゅう》（ただし鉄道守備隊を除く）。清国に満州を還付《かんぷ》
（3）遼東半島《リャオトンはんとう》南部の租借権《そしゃく》を日本に譲渡《じょうと》
（4）長春—旅順《リュイシュン》間の鉄道ならびに沿線にある炭坑《たんこう》などの付属利権を日本に譲渡
（5）ロシアは日本に樺太《からふと》（サハリン）の北緯《ほくい》50度以南を割譲《かつじょう》。沿海州の漁業権も日本に付与《ふよ》

安部―ロシアから賠償金を取らなかった日本の判断について、佐藤さんはどう見ますか。

佐藤―賠償金をもらうのは、魚をもらうようなものですよね。ポーツマス条約で日本が獲得したのは、いわば漁場と釣竿《つりざお》です。日清《にっしん》戦争では台湾《たいわん》をもらいはしましたが、あとは魚（巨額の賠償金）をもらっておしまいでした。

安部―ポーツマス条約では魚はもらいそびれたものの、いわば永続的に魚を取り続ける権利を獲得したわけです。

佐藤―目先の現金に飛びつくのではなく、「ロシアは朝鮮半島には手は出さない」という約束を取りつけたのは大きいです。「ポーツマス条約で日本は取りすぎた」と言っても過言ではありません。資源が豊かで、穀倉地帯でもある朝鮮半島を植民地にできる状況《じょうきょう》が整った。しかも満州における優越権《ゆうえつけん》も握《にぎ》った。植民地化される朝鮮や満州の人々の苦しみを思えば決つして許される行為ではありませんが、帝国《ていこく》主義的な国家として国力をつけるうえでは、日清戦争後よりもはるかに大きな利権を日本は手に入れたのです。

安部―ところが国民は、漁場よりも目先の魚こそをほしがりました。ポーツマス条約が結ばれるや否《いな》や、条約に不満をもつ勢力が日比谷公園《ひびやこうえん》に民衆を結集させます。彼らはロシアからの賠償金30億円の獲得を主張しました。
佐藤―当時の国家予算10年分にあたる莫大《ばくだい》な金額です。
安部―3万人とも言われる民衆は「日比谷焼き打ち事件」を引き起こします。内相官邸《かんてい》を取り囲んだ彼らは投石によって警官隊とぶつかり、都心の警察署や派出所を襲撃《しゅうげき》して火を放ちました。
佐藤―ロシアでのデモ行進が平和的になされたにもかかわらず、政府があまりに乱暴だったせいで「血の日曜日事件」という流血の惨事《さんじ》で終わります。日比谷暴動においては、主催者《しゅさい》が平和的な羅針盤《らしんばん》を示しませんでした。価値観があいまいな民衆が街頭に集まって、興奮のるつぼに突《つ》き落とされて体制への不満を発露《はつろ》する。こうした大衆運動は社会の混乱を招きかねません。
安部―そうせざるをえないぐらい、民衆が厳しく収奪《しゅうだつ》されていたのは事実です。カネはない。弾《たま》はない。平和もない。そんな日露戦争に、日本は100万人近い兵士を送りこみました。
佐藤―しかも戦争で死んだからといって、十分な補償《ほしょう》がなされるわけではありません。「悪かったですね。運が悪かったですね」みたいな話です。民衆の怒りはもはや沸点《ふってん》にまで達していたのです。

安部―あのころはまだ、軍人恩給のような制度はきちんとできていませんでしたからね。

■戦費にも満たない金額の賠償金を要求した日本

佐藤―「日本への賠償金支払《しはら》いには応じない」とロシアが譲《ゆず》らないなか、日本はカネにこだわりました。『日本の歴史⑱　日清・日露戦争』（海野福寿著、集英社）によると、ポーツマスでの非公式協議の場でセルゲイ・ヴィッテ*13（ロシア全権）は、小村寿太郎外務大臣にサハリン（樺太）の南半分の割譲を示唆《しさ》したそうです。

するとと小村は占領中《せんりょうちゅう》の樺太の北半分を放棄《ほうき》する代償《だいしょう》として、12億円の支払いを逆提案しました。

安部―わずか12億円という金額に驚《おどろ》きます。

佐藤―ええ。まったくです。

〈もし戦争を継続《けいぞく》し、ハルビン・ウラジオストクを攻略《こうりゃく》しても、（略）ロシア軍に対抗《たいこう》するための軍費は一七～一八億円に上り〉（『日本の歴史⑱　日清・日露戦争』185頁）とあるとおり、戦費にも満たない12億円という金額を日本は要求しました。100億円を要求して蹴《け》られたのならともかく、あまりにもスケールが小さい話です。

日本はノドから手が出るほどおカネがほしかったのでしょうね。スッカラカンで、本当におカネがなかったのだと思います。「これぐらいの要求なら相手が妥協《だきょう》してくれるかもしれない」と思っていたのでしょう。

安部―たとえ少しでも現金を分捕《ぶんど》りたいというところまで、日本はジリ貧《ひん》の状態だったわけですね。

佐藤―ただし仲介型の交渉を進めた結果、ポーツマス条約では日露双方《そうほう》がウィン―ウィンになりました。ロシアとしては日本にカネを払《はら》わないで済んだ。「所詮《しょせん》サハリンなんて、あとから取った植民地だ。植民地はほかのところで取りゃいいだろう」というくらいの意識ですから、サハリンを日本に取られてもさほど痛くもありません。旅順や大連《ターリエン》にしたって「あそこは他国の土地だ」という意識です。

日本に賠償金を払うとなると、ロシアにとっては威信《いしん》が大きく揺らぎます。「本土を占領されたわけでもないのに、なんでオレたちがカネなんか払わなきゃいけないんだ」と国内の民衆が怒《いか》り狂《くる》ったでしょう。

とにかく内政を安定させるために、ロシアは戦争を一刻も早くやめなければいけませんでした。継戦することは物理的には可能ではありましたが、「血の日曜日事件」によって内政があまりにも不安定になっていたのです。

「帝政《ていせい》ロシアを守る」という内政的な観点から見れば、講和条件はロシアには十分合格点に達していました。日本もプロの観点から見れば「取れすぎだ」と言うしかないほど取れています。ただし国民とマスメディアには不満が残りました。

▩わずか20年で4倍に膨れ上がった税金

安部—『日本の歴史⑱　日清・日露戦争』の資料（２０９頁）に、日清・日露戦争期の１戸あたりの租税の推移について図が載っていました（図表４）。わずか20年も経《た》たないうちに、租税の金額は倍々ゲームで増えています。国庫租税収入の推移は、次のとおりです。

▼１８９５～97年　８１９９万９０００円
▼１９００～02年　１億４１５２万８０００円
▼１９０５～07年　２億８３５７万５０００円
▼１９１０～12年　３億３５７７万５０００円

日露戦争を遂行《すいこう》するにあたって、民衆はとんでもない増税にさらされていました。戦争を進めるために収奪されまくった結果、苦しむ民衆の怒りが「日比谷焼き打ち事件」という形で噴出《ふんしゅつ》したのです。

佐藤―所得税も酒税も、ものすごいスピードで増税されています。酒税は1896（明治29）年に制定されてから、1908（明治41）年までに5回も税率が引き上げられ、制定時からおよそ4倍になっています。

安部―そりゃ怒《おこ》りますわな。

佐藤―今みたいに多様な娯楽《ごらく》がありませんし、飲んでウサを晴らすのが最大の娯楽でした。特にアルコールみたく依存《いぞん》性のあるものに重税をかければ、民衆の不満が募《つの》るのは当然です。

安部―『日本の歴史⑱　日清・日露戦争』（209頁）には、国税の滞納《たいのう》状況を示す図も載っていました（図表5）。1戸あたりの租税《そぜい》負担がどんどん増えるにつれて、税金が払えなくなって財産を差《さ》し押《お》さえられる世帯が続出します。特に地方の農家は相当大変だったでしょう。

佐藤―今と違《ちが》って、農家はみんな現金なんて全然もっていませんでしたからね。食べるものはあっても、貯金がない。日露戦争を開戦したころから、未払《みばら》いの税金の督促《とくそく》状発送量がドーンと伸《の》びます。そもそも税を取りすぎですし、がんばって払いたくても払えないいびつな税体系になっていたことが問題なのです。

安部― 日露戦争を戦うにあたって、戦費を調達するために政府は現金が必要でした。

佐藤― 端的《たんてき》に言って、日本には全然カネがなかったのです。

安部― クルップ社[*14]やアームストロング社[*15]から40万発も榴弾《りゅうだん》を買って、その支払いもしなくてはなりません。「ぜいたく品は敵だ」と叫《さけ》ばれるようになり、銭湯でさえ「毎日沸《わ》かしちゃいかん」と徹底《てってい》した国民統制が進められました。外で酒を飲んでいると、白い目で見られて「非国民め！」と罵《ののし》られてしまう。日露戦争のせいで、多くの人が生業《なりわい》を辞《や》めさせられました。

国家が言うところの「ぜいたく品」の生産に当たっている人たちは、次々と仕事を失います。そういう人たちがどうしたかというと、仕方なく軍需《ぐんじゅ》工場で働き始めました。日露戦争のせい

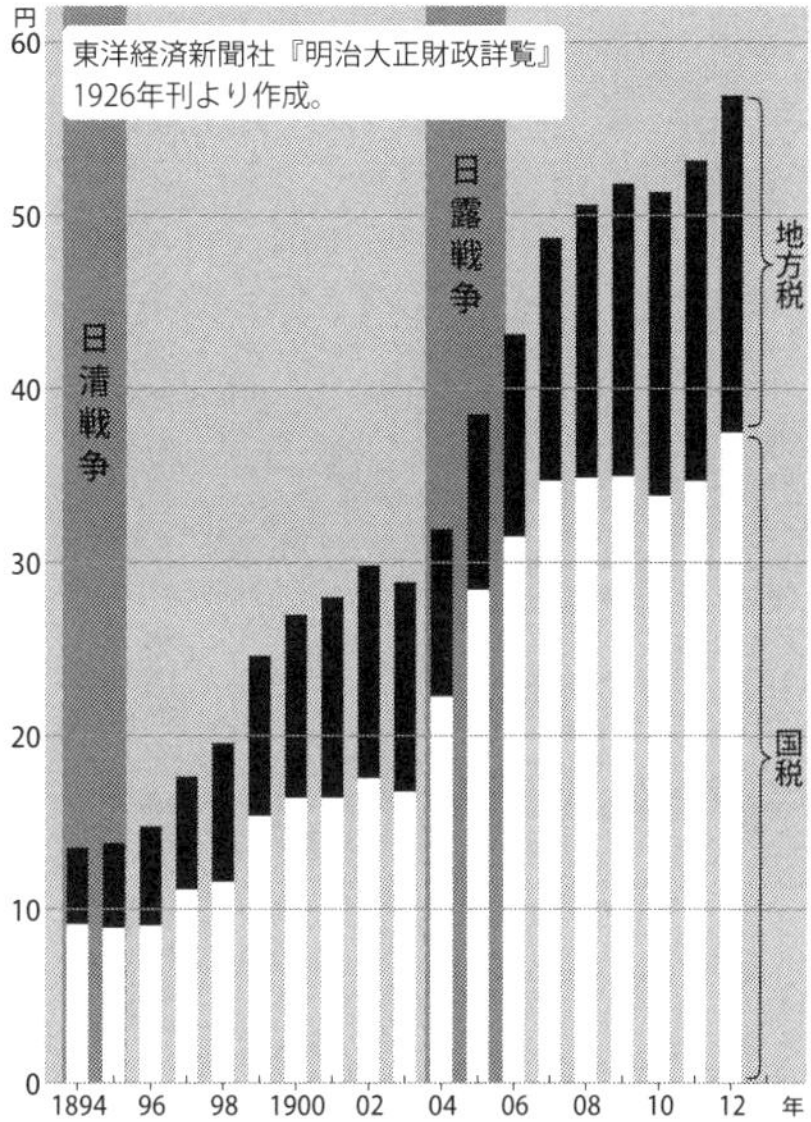

図表4／1戸あたりの租税負担（集英社版『日本の歴史⑱ 日清・日露戦争』より）

で、国民生活のすべての面にわたって大きな被害《ひがい》が出たのです。

■ 喰うか喰われるか　日本の帝国主義化

安部――日清戦争であれだけ大儲けした成功体験があるため、多くの民衆が「清国からあれだけ取れたのだ。あのロシアに勝ったら、前回の10倍ぐらいもらえるよな」と思っていたのでしょう。だから「今は戦争に勝つまで我慢《がまん》しろ」と言われても耐えることができた。しかし、ポーツマス条約によって現金はビタ一文もらえなかったのです。

佐藤――でも実際は、日清戦争のときの10倍以上の権益を日本は得たわけですよね。朝鮮半島と満州の優越権を両方取れたのですから。

安部――その大きさが国民には理解できなかったのです。

佐藤――玄人《くろうと》と素人《しろうと》の発想の違いです。プロから見れば、日本は十分取れました。しかし、国民の目にはわかりにくかったのです。

安部――政府・指導者層と国民との間に、深刻な乖離《かいり》が生まれていたのでしょう。誰にでもわかりやすい言葉遣《ことばづか》いで丁寧《ていねい》に説明して理路を尽《つ》くせばいいのに、「黙《だま》って指示に従え」と強制するようではいけません。

佐藤―「おまえたちは力がないのだ。国が代行してやるから、おまえたちは国が教えたとおりにやれ」というパターナリズム[*16]（父権主義）です。

安部―お上の意志を下々の者に押《お》しつけるばかりで、国民の意見を吸い上げて反映する政治機能が働いていませんでした。

佐藤―当時の世界は「帝国主義でなければ生き残れない」「喰《く》うか喰われるか」という時代に突入《とつにゅう》していました。中立的な立場は、帝国主義国の間の空白の中でしか生まれません。たとえばアジアであればタイです。列強がアジア諸国の植民地化を進めるなか、「ここを植民地化するとパワーバランスが非常にまずくなる」という空白地帯がタイでした。タイは第1次世界大戦から第2次世界大戦にかけて、中立宣言をしています。あるいはアフガニスタンです。中立

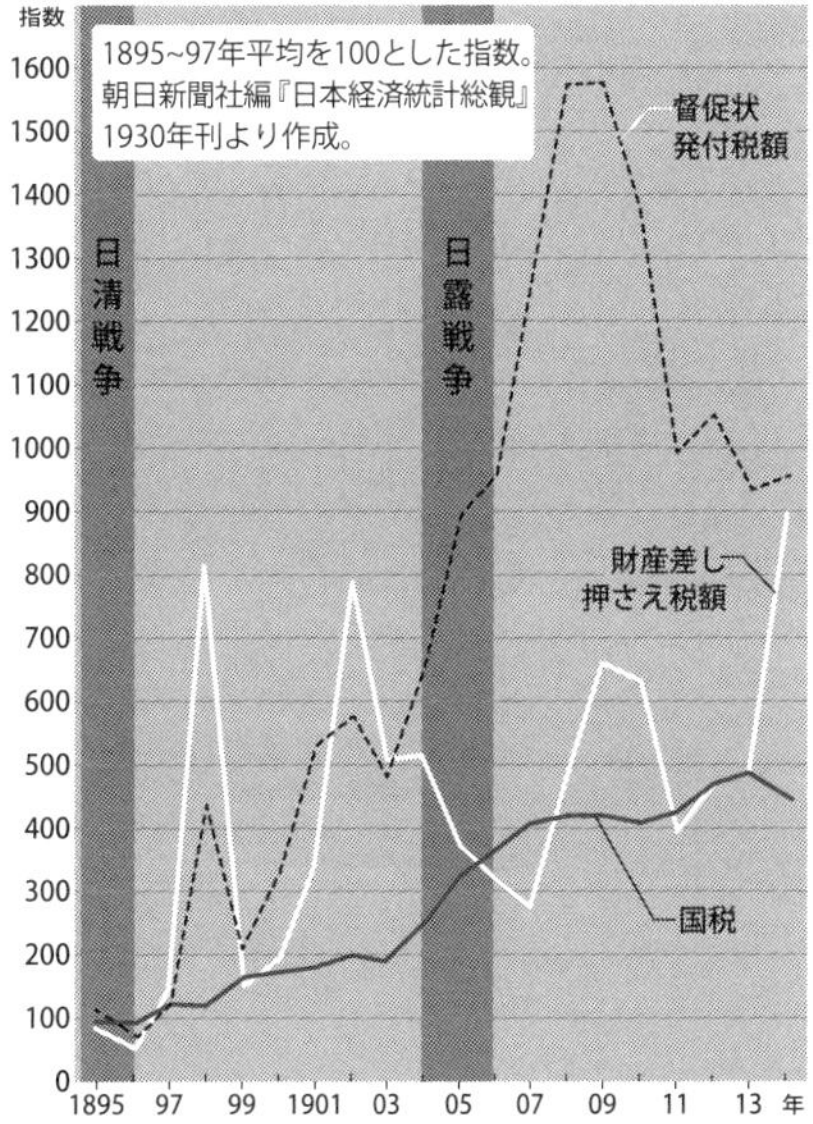

図表5／国税の滞納（集英社版『日本の歴史⑱ 日清・日露戦争』より）

宣言は、第2次世界大戦中の一時期を除いて行《おこな》っていませんが、アフガニスタンではロシアとイギリスのグレートゲームが展開されて空白地帯となっていました。あるいはヨーロッパであればスイスです。オーストリアとイタリアとドイツとフランスという強力な帝国主義国がひしめくなか、スイスがいずれか一つに属するとまずい。こういう状況でしか、帝国主義と一線を画した空白地帯は生じません。

安部―日露戦争を開戦した日本は、もはや帝国主義の道を突《つ》き進《すす》むしか選択肢《せんたくし》がなかったのです。

佐藤―そうしなければ、日本は確実にロシアの植民地にされていたでしょう。

第8章 日露戦争とは何だったのか

日露戦争勃発から10年後、
第1次世界大戦が起こる。
日露戦争を経て、国際社会は
どう変化したのか。かつての
戦争の教訓からいまこそ学べ。

■桂・タフト秘密協定と新・日英同盟

安部――ポーツマス条約の講和会議は1905（明治38）年8月10日から本会議が始まり、9月5日に条約が締結《ていけつ》されました。これに先立つ1905年7月29日、桂太郎《かつらたろう》首相《しゅしょう》とアメリカのウィリアム・タフト[*1]陸軍長官が東京で会談し、日米が「桂・タフト協定」という秘密協定を結びます。

佐藤――この秘密協定は、1924年にアメリカで公表されるまでその存在は伏《ふ》せられてきました。タフト陸軍長官は日本が韓国《かんこく》の宗主国《そうしゅこく》になることを認め、日本はアメリカのフィリピン植民地化を容認《ようにん》します。

安部――さらに1905年8月12日には、第2次日英同盟が結ばれました。第1次日英同盟の段階で、すでに日本の韓国進出を認める取り決めがあったわけですが、第2次日英同盟ではこの路線をあらためることなく維持《いじ》しています。日本には桂・タフト協定と第2次日英同盟によって外堀《そとぼり》を埋《う》めながら、日露講和を有利に進めたい思惑《おもわく》がありました。

佐藤――アメリカやイギリスは、自分たちに火の粉が降りかかってこない有利な状況《じょうきょうか》下で、日本に恩を売っておこうと考えたのです。

安部―アメリカの特使として日本にやってきたタフトは、陸軍長官です。

佐藤―諸外国で言うところの国防大臣ですよね。

安部―1905年7月24日、タフトは横浜港《よこはまこう》に着きました。国会議員を30人も引き連れて、総勢83人で乗りこんできます。桂・タフト協定では、日本の対露《たいろ》要求を確認《かくにん》するとともに、日本がアメリカのフィリピン支配と植民地化に介入《かいにゅう》しないことを約束しました。タフトは「日米英の3カ国によって東アジアの安全保障を共同で守りましょう」と申し出ます。日本はその協定に応じました。3カ国は事実上の同盟関係に入ったのです。

佐藤―単《たん》に大統領の特使として陸軍長官が来日しただけでなく、これだけの大人数でやってきたことに意味があります。「みんなの目で日本を見て知っておかなければいけない」という危機感があったのでしょう。「日本と友好関係を結んでおこう」というよりは「日本にどこまでの国力があるか、自分たちの目で確かめておかなければいけない」ということです。

帝国《ていこく》主義的な勢力圏《けん》の棲《す》み分けですよね。アメリカが帝国主義的な政策を採るなか、日本もあからさまに帝国主義的な拡大をしつつある。「朝鮮半島《ちょうせんはんとう》は日本の勢力圏として認めよう。フィリピンはオレたちの勢力圏だからな」というわけです。

安部―台湾《たいわん》だけでなく、日本はアジアの南方にも手を伸ばしつつありました。東南アジアに版図《はんと》を得たいアメリカにとっては、目の上のタンコブである日本の動きを早いうちに牽制《けんせい》しておきたかったのでしょう。

■ 5年ごとに更新されていった日英同盟の変質

安部―第1次日英同盟は、1902（明治35）年1月に成立しました。第2次日英同盟は1905（明治38）年8月、第3次日英同盟は1911（明治44）年7月と、3〜6年に一度ずつ更新されていきます。第1次日英同盟の適用範囲《はんい》は、朝鮮半島と清国だけでした。第2次日英同盟では、インドにおけるイギリスの特権承認《しょうにん》も加わりました。

佐藤―日英同盟の適用範囲をインドまで広げるということは、日本はインドについて共同防衛の責任を負わされることを意味します。

安部―日本ないしイギリスがどこかの国と交戦状態に入ったら、お互《たが》いの国が介入し、参戦する取り決めです。こういう取り決めを結ぶことによって、韓国における日本の権益をイギリスが承認し、インドにおけるイギリスの権益を日本が承認するという中身でした。

佐藤―第1次日英同盟は、今の日米安全保障条約[*2]に似ています。有事が起きたときにイギリスは日本をいろいろ支援《しえん》してくれますが、日本がイギリスを支援することは想定されていませんでした。第2次日英同盟は違《ちが》います。同盟の範囲がインドまで及《およ》ぶと、インドとロシアがぶつかることがありえます。あるいはもしかすると、インドでイギリスとフランスがぶつかることだってあるかもしれません。すぐそこのインドネシアにはオランダが進出していました。

安部―もしそれらの国とイギリスの間で紛争《ふんそう》や戦争状態になった場合、日本も参戦しなければならなくなりました。

佐藤―第三国と戦争や紛争が発生したとき、攻撃《こうげき》についても防衛についても両国が同じ行動を採る。「攻守《こうしゅ》同盟」へと日英同盟の本質が切《き》り替《か》わったのです。

■攻守同盟とは言えなくなった第3次日英同盟

佐藤―「日本とイギリスのいずれか1国が攻撃されたときには、同盟関係である片方の国も参戦して相手を攻撃する。そのかわり、韓国の植民地化を認めましょう」。これは帝国主義国同士の典型的な取引です。

第1次日英同盟を結んだ1902（明治35）年当時は、まだ日露戦争が始まっていませんでした。第2次日英同盟を結んだ1905（明治38）年は、日露戦争に日本が勝ったあとのタイミングです。イギリスは「これまでの日英同盟は少しばかり日本に有利すぎた。もう少しウチに利益があってもいいんじゃないか」と考えたのでしょう。

安部―「いよいよ日本が欧米《おうべい》列国と対等な関係になってきた」というイメージになってきましたからね。

佐藤―日本は欧米列強と対等になり、ますます力が強くなってきました。問題は1911（明治44）年7月の第3次日英同盟です。当時のイギリスとアメリカは、必ずしも利益が一致《いっち》していませんでした。英米の利害が完全に一致するのは、太平洋戦争が終わってからです。その状況のなかで、第3次日英同盟では「アメリカは日英同盟の例外にする」という規定を加えました。

安部―「第三国が攻《せ》めてきたら日本とイギリスが共に戦う」と決めていたわけですが、アメリカとの間で紛争が発生した場合、日本とイギリスの同盟は機能しないという例外規定です。

佐藤―日米戦争が始まったときにイギリスは助けてくれないというわけですから、矛盾《むじゅん》した攻守同盟なんですよね。第2次日英同盟を結んだとき、イギリスには「日本との関係を拡張したい」という思惑があからさまにありました。それが第3次日英同盟になると、日本の伸《しん》長《ちょう》を少し警戒《けいかい》し始めるのです。

第４章でも触《ふ》れていますが、第１次世界大戦が終わったあと（１９１８年〈大正７〉年11月）、１９２１（大正10）年７月の期限を迎《むか》えても第４次日英同盟は結びませんでした。そのかわり発展的解消という形で、アメリカとフランスを加えて日英米仏の４カ国条約を結びます（１９２１年12月）。フランスはほとんど極東と関係ないのに、「日英同盟の強化」「発展的解消」という名目で日英同盟を御破算《ごはさん》にしてしまいました。

■20年続いた日英同盟の終わり

安部―興味深いことに、「第３次日英同盟からアメリカを除外する」という例外規定は、事前にアメリカが要望してイギリスが承諾《しょうだく》しているんですよね。本書（第４章）ですでに語り合ったとおり、日本を仮想敵国と見なし、どんなふうに日本と戦うかというプランをアメリカが作ったのは１９１１年のことでした。

佐藤―「オレンジ計画」ですね。

安部―すでに１９１１年の段階で「日米決戦が将来的にあるかもしらん」という視野をもちながら、アメリカは時間をかけて徐々《じょじょ》に「オレンジ計画」を練り上げていきました。

佐藤―それに関して日本はあまりに能天気だったのです。「同盟が拡大するのはけっこうなことじゃないか。どうせ日本がアメリカとぶつかることなんてない。アメリカについての例外規定が入ったってかまわないよ」とのんびり構えていました。そんな調子で構えていたら、だんだん世界から孤立《こりつ》して太平洋戦争に突入《とつにゅう》していってしまったのです。

日英同盟が失効したのは1923（大正12）年のことでした。太平洋戦争が始まったのが1941（昭和16）年です。その間は18年ですよね。今（2022年）から18年前って何年でしょう。2004年です。

安部―あっという間やな。2004年なんて、ついこの間のことです。

佐藤―2004年の時点において同盟国だった国と、2022年の今交戦状態にある。こういうイメージです。

安部―桂・タフト協定、ポーツマス条約、日英同盟の延長を経て、アジアにおける帝国主義的な勢力圏の棲み分けはできました。しかし、帝国主義的な国同士が同盟を結んだ結果、日本がアジアの中で民族主義運動や独立運動の弾圧《だんあつ》側に立つことが決定的になりました。

佐藤―地政学的な視点も重要です。日本もアメリカもイギリスも海洋国家ですよね。海洋国家同盟は、実はとても危ないのです。磁石のN極とN極とN極をくっつけるようなものですから。

安部―海洋国家同士の利益が正面から対立するということですね。

佐藤―日露協商や日中同盟であれば、中国もロシアも大陸国家ですから、大陸国家と海洋国家の同盟ということで棲み分けが利《き》きます。大陸国家同士で同盟を結ぶときには、ドイツという大国を挟《はさ》んで、フランスとロシアが結んだ露仏同盟のように、どこか別の国を間に挟むやり方があります。

日英同盟は国同士の距離《きょり》が遠く離《はな》れているものの、海洋国家同士の同盟なので棲み分けがとても難しくなりました。さらに言うと、アメリカは棲み分けが嫌《きら》いな国ですから、なお難しい。アメリカは全部自分の統制下に置きたい国なのです。こうした地政学的な要因も、20世紀初頭の世界を混乱に導きました。

▩黄禍論の原型を作ったウラジーミル・ソロヴィヨフ

安部―ポーツマス条約の交渉《こうしょう》が結ばれた当時、アメリカではすでに日本移民排斥《はいせき》運動の動きが始まっていました。ロシアと戦っている真っ最中、アメリカでは意外と反ロシア的な世論が強くて「日本がんばれ」という雰囲気《ふんいき》だったのです。いざ日本がロシアに勝ってみると「白人が黄色人種に負けた」という現実がアメリカ人にとって大きな不安要因になりました。

日露戦争終結後、勝った日本に対する警戒感が一気に強まっていったのです。

１９０５年には、サンフランシスコで日本人・韓国人排斥同盟[*3]（Japanese and Korean Exclusion League）が結ばれました。これがやがて１９２４年の排日《はいにち》移民法[*4]（Immigration Act of 1924）につながっていくのです。

佐藤―これは情報戦におけるロシアの勝利です。どういうことかというと、第１次世界大戦において白人世界を味方につけるために、ロシアは積極的な黄禍論《こうかろん》を展開しました。

安部―「黄色人種が白人社会に脅威《きょうい》を与《あた》える」という陰謀《いんぼう》論ですね。

佐藤―黄禍論の原型は、ウラジーミル・ソロヴィヨフ[*5]（１８５３〜１９００年）というロシアの有名な宗教哲学者《てつがくしゃ》が打ち立てました。ソロヴィヨフが書いた「三つの会話」（『ソロヴィヨフ著作集〈5〉三つの会話――戦争・平和・終末』〈御子柴道夫翻訳、刀水書房〉に収録）の最後に「反キリスト物語」があります。要約してまとめると、こんなことが書いてあります。

「19世紀の半ばに開国した日本が、今までの微睡《まどろ》みから覚めて、急速に欧米の科学技術の成果を吸収していきます。しかし、この日本という国は科学技術に対してだけは関心があるけれども、哲学とか文学にはほとんど関心がない。自らの力は国を軍事大国化させるためだけに使っている。

その結果、まず朝鮮《ちょうせん》を自らの保護下に置いて、大日本帝国《だいにっぽんていこく》に併合《へいごう》します。その次には中国の東北部、満州地区を併合します。さらにどんどん国力を付けていき、中国全土とモンゴルを併合してしまいます。やがてカラコルムに首都を遷都《せんと》して、天皇は日本モンゴル皇帝《こうてい》となる。そしてパン・モンゴル主義（モンゴル系の日本人によって全世界は支配されるべきであるというイデオロギー）によって、ヨーロッパまで席巻《せっけん》してしまう。そして、極東の日本からポルトガルに至るまでの巨大《きょだい》な大日本帝国が完成するのです。

それに対して、ドイツのあたりから、この黄色人種である日本人に対抗《たいこう》する「キリストの再来」と言われるすごい騎士《きし》が現れます。そして、日本の影響《えいきょう》はウラル山脈の東側に限定されるようになります。日本を追いやった、この騎士を新しいヨーロッパ皇帝だとみんなは拝むけれども、実はこれが反キリストだった。

それで、この反キリストと戦うために、カトリック教会のペトロ教皇とロシア正教会のヨハネ長老と、プロテスタントのパウロ教授という神学者、その三人がそれぞれ立ち上がり、キリスト教文明によって反キリストを打《う》ち倒《たお》す」――こういう壮大《そうだい》な物語です。

この本が書かれたのは19世紀の終わりです（1899～1900年）。まだ20世紀には入っていません。

安部―それはすごいストーリーテリングだなあ。

佐藤―この「反キリスト物語」が、19世紀末から20世紀初めにかけて多くの人に読まれました。そして、あの時代の黄禍論の先駆的《せんくてき》なものになっていったのです。

この黄禍論が、やがてアメリカにも大きな影響を与えました。情報戦を展開するにあたり、ロシアは人種主義に目をつけたのです。その人種主義が人々の心を摑《つか》み、意外と浸透《しんとう》していきました。

安部―「極東の劣《おと》った黄色人種が白人に勝った」という事実が、白人たちの尊大な自尊心に火をつけたのですね。

佐藤―黄禍論は多大なる影響を与えました。

■幸徳秋水の『二十世紀の怪物　帝国主義』

佐藤―喰《く》うか喰われるかの帝国主義の時代で喰われないために、日本が一連の外交を選択《せんたく》したのはやむをえなかったと思います。ただしその選択をしたことによって、太平洋戦争終結に至るまで、日本がアジア諸国に多大なる痛みを与えたことは間違《まちが》いありません。当時の時代状況を理解しつつ、現在の視点から批判すべきことは批判するべきです。

安部　第１章でも触れた幸徳秋水《こうとくしゅうすい》の『廿世紀之怪物《にじっせいきのかいぶつ》　帝国主義』（『二十世紀の怪物　帝国主義』〈光文社古典新訳文庫〉）を読むと、アメリカがフィリピンに進出したことを、反帝国主義的な見地から批判している部分があるのです。アメリカは、スペイン領だったキューバの独立を助けました。そのアメリカが、なぜフィリピンを占領下《せんりょうか》に置こうとするのか。こんなものは帝国主義以外の何ものでもない。そういう方針はかえってアメリカを危機に陥《おちい》らせる。このように幸徳秋水がアメリカを批判しているのです。「フィリピンの併呑《へいどん》」という節から一節をご紹介《しょうかい》します。

〈フィリピン群島の併呑、征服にいたっては、断じて許すことができない。米国は本当にキューバがスペインから独立と自由を勝ちとる運動のために戦ったのか。それなら、なぜ一方で、あんなに激しくフィリピン人民の自由を束縛するのか。なぜあんなに激しくフィリピンの自主独立を侵害するのか〉（『二十世紀の怪物　帝国主義』幸徳秋水著、山田博雄翻訳、光文社古典新訳文庫、１４９頁）

アメリカ独立宣言という理念に照らせば、今やっているフィリピン支配はまったく建国の理念に反する。幸徳秋水は舌鋒《ぜっぽう》鋭《するど》くアメリカを批判します。

〈他国の人民の意思に反して、武力・暴力をもって押さえつけ、その土地を奪い、富をかすめ取ろうとする行為である。これは文明と自由の光に輝いている米国建国以来の歴史を、じつに甚《はなは》だしく汚《けが》し、辱《はずかし》めることではないだろうか。そもそもフィリピンの土地と富を併合するのは、もちろん米国のためには多少の利益になるにちがいない。しかし利益になるからといって、そんなことをしてもいいのなら、昔の武士の切取《きりとり》強盗もまた、利益のために許される行為というのか。米国人は、彼らの祖先の独立宣言、建国の憲法、モンロー宣言を北米大陸ではない、どこか別の土地にでも置こうというのか〉（同、150頁）

佐藤――まっとうで高邁《こうまい》な論陣《ろんじん》です。

安部――フィリピンを得る利益に目がくらんで、建国の理念を失ってしまう。それはこれからのアメリカにとってあまりにも危機的だ。この本が書かれたのは1901（明治34）年のことでした。1901年の段階でここまでの論陣を打ち立てた幸徳秋水の叡智《えいち》と先見の明には驚嘆《きょうたん》します。

■日韓協約と朝鮮半島の植民地化

安部―日清《にっしん》戦争と日露戦争をめぐり、２冊の本を通じて佐藤さんと縦横に語り合ってまいりました。日露戦争後、国際情勢は安定と平和へ向かうどころか、逆方向に向かってしまいます。

佐藤―第１次世界大戦が勃発《ぼっぱつ》したのは、日露戦争終結から10年も経《た》っていない１９１４（大正３）年７月でした。世界大戦は１９１８（大正７）年11月まで４年以上も続きます。

安部―日露戦争終結から約２年後の１９０７（明治40）年６月、日仏《にちふつ》同盟によって日本はロシアへの接近を図《はか》ります。１９０７年７月には第１回日露協約、１９１０（明治43）年７月には第２回日露協約を結びました。第１回日露協約では、重要な秘密協約が結ばれます。韓国に対する日本の優越《ゆうえつ》的地位をロシアが認めることと引《ひ》き換《か》えに、外蒙古《そともうこ》におけるロシアの特殊《とくしゅ》利権を日本が認めました。

佐藤―第２回日露協約ではさらに踏《ふ》みこんで、協約交渉の過程で、日本による韓国併合をロシアが承認します。

安部―日清戦争によって日本は、韓国に対する指導権を清国から奪ってしまいました。その次の目標は、韓国の植民地化です。

「機会均等」と「領土保全」を旗印として戦った日露戦争は、アメリカやイギリスの理解を得ることに成功しました。他方で１９０４（明治37）年から１９０７年にかけて、３次にわたる日韓《にっかん》協約によって日本は韓国への圧力を強めます。１９０４年の第１次日韓協約では日本人顧問《こもん》の採用を認めさせ、１９０５（明治38）年の第２次日韓協約では韓国の外交権を日本が握《にぎ》り、１９０７年の第３次日韓協約では韓国の内政権まで握ってしまいました。

佐藤――１９１０年８月の韓国併合へ向けて、植民地化の戦略は着々と進められます。

安部――満州においても、同様のやり方で利権獲得《かくとく》を進めていきました。帝国主義国家として覇権《はけん》を拡大していく日本の動きは、アメリカで反日感情を生んでいきます。イギリスも警戒心を抱《いだ》いていきました。

世界のパワーバランスにおける欠点と弱点を補強するため、まずは日仏同盟を結び、フランスにロシアとの仲をとりもってもらおうと考えたのでしょう。フランスと接近したあと日露協約によって、ついこの間まで戦争していたロシアと手を結ぶ。

１９０７年８月には英露協商[*6]が結ばれ、ドイツの進出に対抗するための英仏露《えいふつろ》三国協商[*7]が確立します。わずか３年か４年の間に世界の流れがものすごい勢いで激変し、その７年後に第1次世界大戦が勃発しました。20世紀初頭の世界で、大きな戦争のうねりが加速度的に高まっていったのです。

▩日清・日露戦争を生んだ覇権国の後退

佐藤―私は「覇権国の後退」という流れで当時を見ているのです。日清・日露戦争が起きるまで、世界における圧倒的《あっとうてき》な覇権国はイギリスでした。イギリスのやり方は狡猾《こうかつ》です。これまで何度も触れましたが、イギリスはインドでセポイの反乱（1857～59年）を起こした傭兵《ようへい》（セポイ）たちを完全にはやっつけませんでした。

敵方の余力を残す形で和平を結んで「もうオレたちには逆らうな」とセポイを押さえつけ、第2次アヘン戦争（アロー号戦争、1856～60年）の前線に当のセポイを尖兵《せんぺい》として送りこんだわけです。

安部―狡猾としか言いようがないやり方です。

佐藤―自分たちの血を流すことなく、イギリスの思うように世界は動く。自分たちが征服《せいふく》したところの人間を兵隊として使いながら、分割《ぶんかつ》統治を進めていく。これがイギリスのやり方です。中国まで進出した段階で、イギリスの力は頂点に達しました。アメリカはイギリスとはまったく対抗できず、まるでイギリスの弟分みたいな位置づけだったわけです。「太陽の沈《しず》まぬ帝国」イギリスには圧倒的な力がありました。

安部――ところが日清戦争のころになると、イギリスの覇権に陰《かげ》りが生まれてきます。序章でも触れましたが、あまりにも手広く戦線を広げすぎたため、アジア諸国のあちこちまでとても手が回らなくなってしまいました。イギリスは強欲《ごうよく》に手を広げすぎたのです。

佐藤――イギリスにもっと力があれば、何らかの形で日清戦争に介入したでしょう。ところが日清戦争のころになると、イギリスの力はもはや朝鮮半島にも日本にも及ばなくなったわけです。中国の南半分を押さえるくらいがイギリスの限界でした。

と同時にグレートゲームにおいても、もはやインドより北には行けず、アフガニスタンにも行けない。イランも半分までは影響力をもってはいましたが、残り半分はロシアに押さえられています。ヨーロッパ大陸ではドイツがメキメキと力をつけてきました。

イギリスの力が陰るなか、イギリスの覇権に最も先鋭的《せんえいてき》に抵抗《ていこう》してきた新興国がロシアだったのです。かつては陸軍国だったロシアが海軍をもつようになり、イギリスの覇権に対抗してきました。追いこまれたイギリスは「名誉《めいよ》ある孤立」を捨てて、日本と手を握らざるをえなくなったのです。

日露戦争のあと、協商や同盟が乱立したのはなぜでしょう。圧倒的な覇権国がどこにもなかったからです。帝国主義国の多極化が進むなか、勢力均衡《きんこう》のためには同盟が安全保障に役立つと思われていました。「同盟によってバランス・オブ・パワーを保っていれば、世界最終戦争なんてバカなマネは誰《だれ》も起こさないだろう」と安閑《あんかん》としていたら、同盟があるせいで逆に第１次世界大戦が起きてしまったのです。

▒「太陽の沈まぬ帝国」の日没

佐藤｜日露戦争後の世界については、いずれ『対決！日本史』の第５弾（第１次世界大戦篇《へん》）で存分に語り合いましょう。歴史の時計を早回しして総覧すると、第１次世界大戦が終わってからもまだ覇権国は現れません。そこで１９２０年１月、世界は国際連盟＊8を立ち上げて「戦争によって国際紛争を解決しない」と約束します。

安部｜後の国際連合に比べると、国際連盟は大国の思惑がいびつなまでに露出《ろしゅつ》していました。なにしろ国際連盟発足《ほっそく》当初、アメリカもソ連もドイツも加盟していないのです。

佐藤｜日独伊《にちどくい》という三つの満たされない国と、革命を経て成立したソ連が影響力を増し、再び世界の均衡が崩《くず》れます。そして１９３９年９月に第２次世界大戦が勃発し、１９４１年12

月の太平洋戦争勃発によって大戦は決定的に拡大していきました。

2度の世界大戦が終わってみると、イギリスは決定的に退潮して、世界の覇権国はアメリカに替《か》わります。ソ連はアメリカに必死に対抗したものの、そのソ連も1991年12月に崩《ほう》壊《かい》しました。かつての大英帝国《だいえいていこく》に替わる地位にアメリカが君臨するようになります。

表面上、アメリカによる完全な覇権が成立して「もはや退屈《たいくつ》な時代だ。これから大きな戦争はない」と皆《みな》が牧歌的に考えているなか、実はアメリカの衰退《すいたい》が始まっていました。今まで相手にもしていなかった中国が経済的、軍事的に急伸長し、ロシアも軍事力ではまったく侮《あなど》れなくなります。サウジアラビアもアメリカ離《ばな》れが進み、トルコも独自の行動を取るようになりました。

今やアメリカの影響圏は、EU（ヨーロッパ連合）諸国とカナダ、オーストラリア、ニュージーランド、日本、韓国、台湾、シンガポールくらいです。これら西側の円環《えんかん》が存在するほかは、いくつかの極が世界に分散してしまいました。

こういう世界の現状は、かつて経験した悪いシナリオへと一気に突《つ》き進《すす》みかねません。今のような勢力均衡と同盟関係があるなかでは、一触即発《いっしょくそくはつ》の局地戦から世界戦争が勃発する可能性があるのです。覇権国家の影響力が減退し、多極化と群雄割拠《ぐんゆうかっきょ》が進む。さらにその勢力圏が変動していく。こうしたダイナミズムのなかで火花を散らす軋轢《あつれき》が、新たな世界戦争を引き起こしかねません。

日清戦争と日露戦争によって起きたことを振《ふ》り返《かえ》ってみると、２０２３年現在の日本を取り巻く国際情勢を理解するとき、生きた教科書として非常に役に立つのです。

▩奉天会戦の陸軍記念日に無差別爆撃の東京大空襲を断行した思惑

佐藤―哲学者《てつがくしゃ》の柄谷行人《からたにこうじん》さんが、「歴史は60年または１２０年周期で繰《く》り返《かえ》す」とよく言っているんです。景気変動が50年周期で規則的に循環《じゅんかん》する「コンドラチェフの波」のように、人類は同じことを１２０年周期で繰り返しているというのです。

安部―柄谷行人さんといえば、「哲学界のノーベル賞」と称《しょう》される「バーグルエン哲学・文化賞」に選出されてとても話題になりました（２０２２年12月）。

佐藤―柄谷行人説によると、１９１４年の第１次世界大戦から１２０年後は２０３４年ですよね。２０３０年代に第３次世界大戦が起きていないか、私は非常に危惧《きぐ》しています。

最悪のシナリオを想定すると、２０２２年のウクライナ戦争はかつての満州事変くらいの騒擾《そうじょう》なのかもしれません。その10年後に大きな戦争が控《ひか》えているかもしれないという危惧が、杞憂《きゆう》に終わることを祈《いの》ります。

東京大空襲が１９４５（昭和20）年３月10日に断行されたことを、私たちはけっして忘れてはなりません。３月10日とは、日本にとってきわめてシンボリックな日付です。

安部―１９０５（明治38）年３月10日、帝国陸軍は満州の奉天《フエンティアン》（現在の瀋陽《シェンヤン》）で起きた奉天会戦で大勝利し、この日、奉天に入城しました。日露戦争の帰趨《きすう》を決した奉天会戦の３月10日は、以後「陸軍記念日」として人々に記憶《きおく》されます。

佐藤―その３月10日に、あえて下町の周縁《しゅうえん》からB－29が焼夷弾《しょういだん》を落とし始めるわけです。円周を次第《しだい》に狭《せば》めるように爆弾《ばくだん》をどんどん落とし、民衆が大勢暮らす住宅街のド真ん中に爆弾を落としまくる。要するにこれは、最初から東京の民衆を皆殺《みなごろ》しにすることが目的の完全な無差別爆撃《ばくげき》です。

安部―集中的な爆撃は2時間半続き、３００機のB－29によって２０００トンもの焼夷弾が投下されました。警視庁の調査によると、８万３７９３人が死亡したと言われます。焼け落ちた家屋は27万戸に及びました。

佐藤―覇権国家とは、こうした残忍《ざんにん》な殺傷行為が平気でできる国なのです。彼らは広島と長崎に原爆《げんばく》まで落としました。〈戦争ほど、残酷《ざんこく》なものはない。／戦争ほど、悲惨《ひさん》なものはない〉

（池田大作著、小説『人間革命』冒頭《ぼうとう》の一節）という冷厳なる事実からけっして目をそらすことなく、人類は過去の戦争の教訓から学び、未来の戦争を断固として回避《かいひ》しなければなりません。

あとがき――早送り日露戦争

安部龍太郎

シリーズ4冊目を出すことができて感無量である。

中でも今回のテーマである日露戦争は、現在起こっているロシアとウクライナの戦争を考える上でも、きわめて示唆《しさ》に富んだものになったと自負している。

佐藤優との日本史をめぐる対談が、私にとってどれほど有難く有意義なものであるかは、これまで何度か書いたので繰り返さない。ここでは本巻の大意を早送りで紹介して、これから読んでいただく方々の便《べん》に供することにしたい。

一、戦争に至る両国の事情

日本は明治維新後に富国強兵を成し遂げ、帝国主義路線を取ることで欧米列強に対抗しようとした。最初に目標としたのは朝鮮半島への進出で、このために清国と対立して日清戦争を引き起こした。

この戦争に勝った日本は遼東《リヤオトン》半島まで割譲《かつじょう》させたが、この方面への進出を目論《もくろ》んでいたロシアは、フランス、ドイツを仲間に引き入れて三国干渉を行い、この取り決めを撤回させた。

こうして清国に恩を売ったロシアは、満州（中国東北部）での利権を得て鉄道を敷設《ふせつ》し、大連《ターリエン》や旅順《リュイシュン》に進出した。

このため日本の朝鮮半島での権益がおびやかされるようになり、一触即発《いっしょくそくはつ》の状況に陥った。

二、両国をめぐる国際情勢

ロシアは日本に圧迫された清国と朝鮮に、救いの手を差し伸べる形で接近し、両国への進出をめざした。またフランスと同盟することでイギリスと対抗し、東アジアでの植民地の獲得《かくとく》に乗り出した。

そのためにシベリア鉄道を開通させ、兵員や武器を輸送できるようにすると同時に、東アジアをロシアの経済圏に組み込もうとした。

これに対してイギリスやアメリカは、清国の「領土保全」と同国への進出の「機会均等」を大義名分としてロシアを牽制《けんせい》したが、ロシアは強硬路線を取りつづけた。そこで日本を支援することでロシアを封じようとした。

そうして1902（明治35）年にイギリスは日英同盟を結び、ロシアと戦う日本を後押しする態勢をととのえたのである。

三、開戦の決断

日露戦争の前半、ロシアはシベリア鉄道につながる東清鉄道を開通させ、中国東北部への進出を確実なものにした。これと軌《き》を一《いつ》にして鴨緑江《アムノッカン》の河口で龍巌浦《ヨムアムポ》事件を起こし、ロシア兵を進駐させて海軍基地を建設しようとした。

これに対して日本は駐日ロシア公使ローゼンと交渉し、満州での鉄道経営に参入させるように求めるとともに、韓国が日本の保護国であることを認めさせようとした。

明治の元勲《げんくん》たちも大国ロシアと戦って勝てるかどうか自信がなく、交渉によって状況を打開しようとしたが、ロシアは方針を改めようとしなかった。また日本国内でも、ロシアの横暴を許すなという世論が湧き上がり、政府も抗することができなくなった。

そして1904(明治37)年2月、朝鮮半島西部の仁川港に停泊《ていはく》していたロシア艦隊に日本軍が奇襲攻撃をかけ、戦争が勃発《ぼっぱつ》したのである。

四、戦争の経過

日本はロシアがシベリア鉄道を使って軍備を増強する前に緒戦《しょせん》を制し、有利な条件で講和に持ち込む短期決戦の方針をとった。

そのために陸軍を4軍に分けて遼東半島に侵攻させ、同年5月の鴨緑江会戦、8〜9月の遼陽《リャオヤン》会戦、10月の沙河《シャーホー》会戦、翌年2〜3月の奉天《フェンティアン》会戦に勝利し、満州南部に進駐したロシア軍を後退させた。

一方、旅順港の攻略は困難をきわめた。入り口が狭く奥行きが深いこの港を、ロシアは極東における主要基地と位置づけ、港を取り巻く山に強固な要塞を築いていたからである。

乃木希典《のぎまれすけ》大将は将兵の犠牲をいとわぬ突撃を繰り返し、要塞を攻め落とそうとしたが、トーチカからの一斉射撃を受けて敗退を繰り返すばかりである。大砲や艦砲で射撃しても、強固な要塞はびくともしない。

そうしている間に、ロシアのバルチック艦隊がバルト海を出てウラジオストクに向かっているという報がもたらされ、大本営からはその前に旅順港を占領せよとの厳命がとどいた。そこで乃木大将は攻略目標を要塞の西側の二百三高地に変え、激戦の末に1905（明治38）年1月1日に陥落《かんらく》させた。

そして高地から港を砲撃してロシア艦隊を敗走させたことが、同年5月の日本海海戦の大勝につながった。そのためロシアは戦争継続は不可能だと判断し、同年9月にアメリカの仲介でポーツマス条約を結んだ。

五、戦争の結果

この条約の締結《ていけつ》に尽力した朝河貫一《あさかわかんいち》は『ポーツマス条約論』の中で、両国が払った犠牲について次のように記している。

〈日本は一六億円と七万二、四八〇人の命を完全に失い、ロシアは三・五万人の生命と日本の二倍以上の金額を浪費したように見える〉（本書１４３頁参照）

従来、日本とロシアの戦死者の数はほぼ同数と論じられることが多かったが、朝河のこの記述が事実に近いと思われる。

戦争は国を貪《むさぼ》る怪物で、犠牲の矛先《ほこさき》は国民に向けられる。それは日本でもロシアでも同じで、戦費調達のための増税と徴兵の負担に耐えかねた民衆は、政府に対して怒りを爆発させた。

日本ではロシアから賠償金を取れないことに激怒した数万の群衆が「日比谷焼き打ち事件」を起こした。ロシアでは戦争の中止や労働者の権利の保障を求める請願の列に向けて軍隊が発砲し、「血の日曜日事件」となった。そしてこれが第1次ロシア革命へとつながるのである。

日本では現在、軍備増強のための増税を行い、日米同盟を強化することでロシアや中国に対峙《たいじ》しようとしている。そうせざるを得ない理由もあるだろうが、戦争に突入する事態だけは何としてでも避けなければならない。

そのためにどうすればいいのか深く考え、行動に移したいものである。

■後注

■序章

＊1　アングロサクソン　５世紀頃、民族大移動でドイツの北西部からブリテン島に移住したアングル人とサクソン人の総称。現在の英国民の根幹をなす。

＊2　第2次アヘン戦争　第１次アヘン戦争（第１章、後注12参照）の後、アロー号事件を発端として起こった英・仏連合軍による清国侵攻戦争。１８５６年10月、香港船籍、清国人所有のアロー号（実際は船籍期限が切れていた）の英国旗が清国兵によって引き下ろされ、船員は海賊容疑で拉致された。当時、清・英間の条約改定交渉が進捗を見せておらず、英の清国駐在公使兼香港総督・ボーリングと広東領事・パークスは、アロー号問題を強引に事件にして本国に開戦を促した。

＊3　ボーア戦争　１８９９年、ボーア人の建てた南アフリカのトランスバール共和国、オレンジ自由国に対する英国による帝国主義的侵略戦争。英国が両国のダイヤモンド、金鉱の独占・支配をねらって開戦。両国は英国の植民地となり、南アフリカ連邦が成立。

＊4　第1次アフガニスタン戦争　１８３８〜42年。１８３７年、露国に指揮されたイラン軍がヘラートを包囲。露国の進出に危機感を抱いた英国が干渉に踏み切った。38年、英国軍はカンダハールを落とし、カブールに進攻。ドースト・ムハンマド王は逃げ、39年、親英的なシュジャー・ウル・ムルクが王位につく。しかし、カブールでは反英の反乱が起き、42年、英国軍はカブールから東方への撤退を決定。１万余の英国とインドの兵士は撤退の際に殲滅《せんめつ》された。英国軍は、カブールを懲罰的に再占領したが、引き揚げざるをえず、43年、英国は抑留していたムハンマドをインドから送って再び統治させた。

＊5　ノヴォロシア　18世紀末にロシア帝国が征服した黒海北岸部地域をさす歴史的な地域名。「新しいロシア」を意味する。ウクライナ東部のドネツィク州、ルハーンシク州や南部のドニプロペトロウシク州、ザポリージャ州、クリミアなどが含まれる。

＊6　ピョートル・ルミャンツェフ　［１６７８〜１７

51〕ロシア帝国軍人。スヴォーロフ以前の露帝国陸軍における傑出した指揮官の一人。元帥。

＊7　アレクサンドル・スヴォーロフ〔1729～1800〕ロシア帝国軍人。露帝国歴代3人目、最後の大元帥。軍事史上、稀な不敗の指揮官として知られる。

＊8　フョードル・ウシャコフ〔1744～1817〕ロシア帝国軍人。18世紀の露海軍で最も有能な指揮官の一人。海軍大将。

＊9　エカテリーナ2世〔1729～96〕ロシアの女帝。在位1762～96年。独貴族の娘で、即位前のピョートル3世と結婚。農奴制の強化、貴族の特権保護などを行い、専制政治を強化。対外的にはポーランド分割に参加し、さらにクリミア半島のクリム・ハン国を併合し、オスマン・トルコと戦って黒海への出口を開くなど、絶対王政を強化した。

＊10　グリゴリー・ポチョムキン〔1739～91〕ロシア帝国軍人、政治家。女帝エカテリーナ2世の愛人で、政治・軍事のパートナー。女帝にクリミアの直接統治を進言。陸軍首席大将、クリミア総督。

＊11　大祖国戦争　1941～45年、ソ連と独国およびその同盟国との戦争のソ連側の呼称。41年6月22日、独側の奇襲攻撃に始まり、45年5月8日、独軍の無条件降伏文書の調印をもって終わった。ソ連が失った人命はおよそ2000万人。

＊12　フョードル・ドストエフスキー〔1821～81〕ロシアの小説家。処女作『貧しき人々』で作家として出発。混迷する社会の諸相を背景として、内面的、心理的矛盾と相克の世界を描き、人間存在の根本的問題を追求。20世紀の文学に多大の影響を与えた。著作に『罪と罰』『白痴』『悪霊』『カラマーゾフの兄弟』など。

▪第1章

＊1　北清事変　日清戦争後、義和団（次注参照）が生活に苦しむ農民を集めて起こした排外運動。各地で外国人やキリスト教会を襲い、1900年、北京の列国大公使館区域を包囲攻撃したため、日本を含む8カ

国の連合軍が出動してこれを鎮圧。講和を定めた北京議定書によって中国の植民地化がさらに強まった。

＊2　**義和団**　清朝末期の宗教的秘密結社の一つ。白蓮教の流れをくむといわれ、拳術、棒術など武術に習熟した。山東地方に起こり、その排外運動が１９００年、北清事変（前注参照）を引き起こした。

＊3　**租借地**　一般に2国間の条約によって、租貸国《そたいこく》により租借国に貸与される地域。諸外国は一定地域を期限付で借り受け、統治の全権を行使した。領土主権は租貸国に存したが、統治権の強さ、期間の長さ（25～99年）、軍事的要地の多さから諸外国の侵略基地となり、事実上の領土割譲といわれた。しかし期限の到来、また期限到来以前でも租借国の意思により租貸国に返還されるため、法的に領土割譲とは区別される。

＊4　**日英同盟**　詳細は第3章参照。

＊5　**三国干渉**　日清戦争の講和条約・下関条約による日本の遼東《リャオトン》半島領有に反対する露、仏、独の共同干渉。日本は遼東半島を返還。のち露は遼東半島を租借地とした。仏、独、英も争って租借地を要求。日本では「臥薪嘗胆《がしんしょうたん》」のスローガンで対露報復の国民感情が煽動され、外交面での対英接近が進められた。

＊6　**閔妃**　［１８５１～95］　高宗（次注参照）の妃。清朝と結んで摂政の大院君を退け、守旧派（事大党）を重用して親清政策をとる。日清戦争後はロシアに接近、反日政策の展開により、日本公使三浦梧楼《ごろう》らに殺害された。

＊7　**高宗**　［１８５２～１９１９］　李氏朝鮮第26代の王・李太王。大院君の第2子。12歳で即位。妃は閔妃《びんび》（前注参照）。国内の権力闘争、日清の対立、日本の侵略に苦しみ、ハーグ密使事件で日本に退位を強制された。

＊8　**龍巌浦事件**　１９０３年、ロシアが朝鮮侵略基地として鴨緑江河口の不凍港・龍巌浦を占領し、朝鮮と租借協定を締結した事件。三国干渉以後、朝鮮に影響力を強めた露国は、鴨緑江沿岸の森林伐採権を得て、電信設備、兵舎、倉庫などを龍巌浦に設置した。これに反対した日本は、協定無効を宣言。日露戦争の導火

線的事件となった。

＊9　**冊封体制**　中国皇帝が周辺諸国の王・首長に爵位・称号を与えることで生じる君臣関係。日本では漢《かんの》委奴国王《わのなの》が後漢から金印を、卑弥呼が親魏倭王《しんぎわ》の称号を、倭の五王が安東将軍の称号を、足利義満が日本国王の称号をうけるなど、君臣関係として朝貢した。

＊10　**李鴻章**　［1823〜1901］清末の政治家。曾国藩のもとで淮軍《わい》を組織して太平天国の乱を鎮圧。以後、両江総督・直隷総督・北洋大臣・内閣大学士を歴任、日清戦争（下関条約）・北清事変など重要な外交案件にかかわったほか、洋務運動の中心人物として清国の近代化に尽力した。

＊11　**大川周明**　［1886〜1957］国家主義者。国家改造を目的に創立された最初の国家社会主義系右翼団体・猶存社や行地社・神武会を結成。軍部と接近し、三月事件や五・一五事件に関係。第2次世界大戦後、A級戦犯として逮捕されたが、精神異常を理由に免訴。

＊12　**第1次アヘン戦争**　1840〜42年、アヘン密貿易禁止をめぐる英国と清国の戦争。敗れた清は南京条約を締結。半植民地化の端緒となる。これに衝撃をうけた江戸幕府は、異国船打払令を天保の薪水給与令に改めた。

＊13　**セポイの反乱**　1857〜59年、インドで起こったイギリス東インド会社のインド人傭兵（セポイ）の反乱。一時デリーを占領、各地に勢力を拡大し、農民も合流したが、英国側の反撃によって鎮圧。この間に、東インド会社は解散。英国による直接支配を決定的にしたが、最初の反英独立戦争とも評価される。

＊14　**米西戦争**　1898年、スペイン領キューバの独立戦争に介入した米国とスペインの戦争。米国が勝利を収め、キューバは独立。スペイン領のプエルトリコ・グアム・フィリピンは米国領となった。

＊15　**帝国主義**　一般的にはある国家が権威を背景とし、国境外の人々に対して支配権を及ぼそうとする膨張主義的政策をいう。19世紀後半から使われた用語であるが、歴史的現象としては、古代中国の帝国、シュ

メール、バビロニアの帝国、エジプト王朝、アレクサンドロス大王の野望、ローマ帝国などにもその傾向がみられる。15〜18世紀の西欧諸国によるアジア、インド、アメリカでの領土獲得や、19世紀後半から激化した植民地政策は帝国主義的な支配といえる。しかし理論的には古代から現代に至るまで多くの学説があり、一致した見解はない。

＊16 米比戦争 1899〜1902年、米西戦争の結果、フィリピンの植民地支配をスペインから継承した米国に対し、独立を宣言したフィリピンが戦った戦争。フィリピンは敗れ、米国の植民地支配が確定した。

＊17 幸徳秋水 ［1871〜1911］社会主義者。中江兆民の門下。1901（明治34）年、社会民主党を結成、即日禁止される。日露戦争に反対して、堺利彦と「平民新聞」を創刊。のち渡米。帰国後アナーキズムを主張。大逆事件で検挙、主犯として死刑になった。

＊18 大本営 1893（明治26）年5月22日公布の戦時大本営条例で設置された天皇直属の最高戦争指導機関。94（明治27）年日清戦争、1904（明治37）年日露戦争で設置された。

＊19 柴五郎 ［1859〜1945］陸軍軍人。会津藩藩士の子。日清戦争では大本営参謀。のち英・清国公使館付武官となり、北清事変での北京籠城戦を指揮した。陸軍大将、台湾軍司令官、軍事参議官。

＊20 斗南藩 1868（明治元）年に、戊辰戦争で敗れた会津藩主・松平容保《かたもり》に陸奥国北郡・三戸《さんのへ》郡（青森県）、二戸《にのへ》郡（岩手県）内の3万石をあたえて立藩。明治になって生まれた藩として知られる。

＊21 嵐寛寿郎 ［1903〜80］映画俳優。嵐長三郎の名で映画「鞍馬天狗異聞・角兵衛獅子」に出演し人気スターとなる。のち改名。「アラカン」の愛称でしたしまれた。「鞍馬天狗」「右門捕物帖」の両シリーズや「明治天皇と日露大戦争」などに出演。

＊22 日本海海戦 詳細は第6章参照。

＊23 奉天会戦 1905（明治38）年2月20日から

3月10日にかけて奉天《フェンティアン》（現在の瀋陽《シェンヤン》）をめぐり、日露両軍が行った会戦。日本軍の勝利となり、日本海海戦とともに、日露戦争全体の勝敗の決め手となった。日本軍は25万人の兵力をもって、露軍35万人を、奉天城において両翼包囲。だが兵力不足で包囲が不十分になったうえ、予備軍をもっていなかったために露軍35万人のうち26万人は北方に脱出して殲滅戦にまでは至らなかった。

＊24　岡本喜八　［1924〜2005］映画監督。ジョン・フォードの「駅馬車」に刺激されて監督を志す。「結婚のすべて」で初監督。「暗黒街の顔役」「独立愚連隊」での歯切れのよい娯楽性が注目された。以後「日本のいちばん長い日」など多様な作品を手がけた。

＊25　ポツダム宣言　1945（昭和20）年7月26日、ドイツ・ポツダムで米・英・中（のちにソ連も対日宣戦布告後に参加）が発した対日共同宣言。日本に降伏を勧告し、戦後の対日処理方針を表明した。軍国主義の除去、領土の限定、武装解除、戦争犯罪人の処罰、日本の民主化、連合国による占領などを規定。日本政府は拒否したが、原子爆弾の投下、ソ連の参戦を経て8月14日これを受諾。

＊26　玉音放送　1945（昭和20）年8月15日正午に放送された、昭和天皇が自ら「終戦の詔《みことのり》」を読み上げて、第2次世界大戦での日本の降伏を国民に伝えたラジオ放送。それまでは、天皇は神聖なものであるからラジオに出ることはなかった。

＊27　特攻隊　太平洋戦争中の日本軍の体当たり攻撃部隊。1944（昭和19）年10月に戦闘機22機で編成された部隊が最初のもの。「神風特別攻撃隊」と命名された。その後、人間が搭乗する魚雷「回天」、自爆体当たり用高速ボート「震洋」、体当たり用ロケット「桜花」による特攻部隊が次々と戦場に投入された。

＊28　ひめゆり学徒隊　第2次世界大戦の末期に沖縄決戦にそなえ、沖縄県師範学校女子部の生徒150人、県立第一高等女学校の生徒50人および両校教師15人で構成された女子部隊。1945（昭和20）年3月23日動員令が下り、南風原《はえばる》陸軍野戦病院へ出動。4月1日戦況悪化のなかで、一部は沖縄本島最南端部まで米軍に追われて集団自決をとげた。沖縄戦終了時までの

戦死者167人。

＊29　アフガニスタン侵攻　1979年12月、ソ連軍がアフガニスタンへ侵攻した事件。ソ連は前年調印した友好協力善隣条約に基づくアフガニスタン政府の要請によるとして、首都カブールを占領、アミン大統領を殺害し、親ソ派のカルマル政権を擁立した。しかし、反政府派の激しい抵抗と厳しい国際的非難を受け、89年に全面撤退した。

＊30　ニコライ堂　東京都千代田区にあるロシア正教の教会堂。正称は日本ハリストス正教会復活大聖堂。1891（明治24）年にニコライ大主教によって創立されたのでこの名がある。

＊31　レク・トルストイ［1828〜1910］ロシアの小説家・思想家。人間の良心とキリスト教的愛を背景に、人道主義的文学を樹立。晩年、放浪の旅に出て、病死。著作『戦争と平和』『アンナ・カレーニナ』など。

＊32　旅順攻略　日露戦争において日本軍が行った露国の海軍基地旅順港の封鎖と要塞攻撃。港口に船を自沈させ露国艦隊を閉塞する作戦を試みるも失敗。バルチック艦隊到着前に要塞占領を急ぐ乃木希典指揮の第三軍は短期奇襲を試みたが失敗を繰り返し、4カ月半の苦戦のすえ二百三高地を占領し要塞砲による湾内艦隊への砲撃で陥落させた。日本軍死傷5万9400人。

＊33　アムール川　モンゴル高原に源を発し、ロシアと中国の国境をなして流れる大河。オホーツク海に注ぐ。長さ4416キロメートル。中国では黒龍江と呼ぶ。

第2章

＊1　伊藤博文［1841〜1909］政治家。吉田松陰に学び、倒幕運動に参加。初代総理大臣。枢密院・貴族院の初代議長を歴任。立憲政友会総裁を務め、日露戦争後に初代韓国統監となるが、安重根により暗殺。

＊2　桂太郎［1848〜1913］政治家・陸軍大将。陸軍にドイツ式兵制を取り入れ、陸相などを歴任。3度首相となり、日英同盟・日露戦争・韓国併合を断

行。大逆事件など、社会運動を弾圧した。

＊3　日露協商　日清戦争後、下関条約から日英同盟の締結に至るまでの時期に、日露間の韓国における勢力関係を均衡にすべく結ばれた一連の協定。両国とも、韓国に対する内政不干渉、韓国政府より軍事教官、財政顧問派遣を要請されたときは相互に協議すること、露国は商工業および居留民数において日本の優越的地位を承認することなどを規定。一方、日本は露国の旅順、大連租借を黙認したが、北清事変で露国が満州主要部を占領したのを境に、日本は日英同盟の締結による露国との対決へと傾いていった。

＊4　満韓交換　日露戦争以前に韓国における日本の優越権と満州における露国の優越権を承認しあうという構想。日露協商を提議した露国に対し日本は、露国が韓国を日本に委任すれば、日本は満州とその沿岸を日本の利益の範囲外と認めると通告。しかし露清間に旅順大連湾租借条約が成立し、露国側は日本の提案に同意しなかった。その後も日本は満韓交換論で臨む基本方針を決定するも、在満露国軍の撤兵をめぐる両国の主張の対立から不調に終わった。

＊5　集団的自衛権　国際関係において武力攻撃が発生した場合、被攻撃国と密接な関係にある他国がその攻撃を自国の安全を危うくするものと認め、必要かつ相当の限度で反撃する権利。国連憲章51条において、安全保障理事会が有効な措置をとるまでの間、各国に個別的自衛権とともにその行使が認められている。

＊6　山縣有朋［1838〜1922］政治家・元帥陸軍大将。吉田松蔭に学ぶ。明治維新後、欧州諸国の軍制を視察、陸軍創設・徴兵令・軍人勅諭など軍制の整備に努めた。山縣閥を作り、元老として政界を支配。

＊7　小村寿太郎［1855〜1911］外交官。第1・第2次桂内閣の外相となり、日英同盟を結び、日露戦争のポーツマス講和会議では全権を務めた。1910（明治43）年韓国併合を実施。翌年に不平等条約の改正に成功、関税自主権を回復した。

＊8　ポーツマス条約　日露戦争終結に際して日本、露国間で結ばれた講和条約。詳細は第7章を参照。

＊9　クリミア戦争　1853〜56年、露国と、トル

コ・英・仏・サルデーニャ連合軍との間で起きた戦争。聖地エルサレムの管理権をトルコに要求して南下を図った露国に対し、阻止しようとする英国などがクリミア半島に出兵して参戦。露国が敗北した。

＊10 **オスマン・トルコ** １２９９年、オスマン１世が小アジアに建国したトルコ系イスラム国家。地中海周辺のアラブ諸地域、バルカン半島をも支配下におき、アッバース朝滅亡後のイスラム世界の覇者として君臨。16世紀のスレイマン１世のころが最盛期で、17世紀末から衰退に向かい、第１次世界大戦に同盟国側に加わって敗北。１９２２年、トルコ革命により滅亡。

＊11 **露土戦争** １８７７年に、オスマン・トルコ支配下のスラブ系民族の反乱を機に、クリミア戦争に敗れて南下政策が停滞していた露国がトルコと行った戦争。勝利した露国はバルカン進出に成功したかにみえたが、ベルリン会議の結果、欧州列強の反対で、バルカン進出は挫折した。

＊12 **東清鉄道** １９０１年に完成した、露国が満州に建設した鉄道。現在の中国長春鉄路。シベリア鉄道とつながり、露国の南下政策の根幹となった。１８９６年の露清同盟密約で露国は北満州を横断してシベリア鉄道とウラジオストクを結ぶ敷設権を獲得。98年から着工、１９０３年に営業開始。

＊13 **馬山浦事件** 露国が、不凍軍港を求めて朝鮮の慶尚南道馬山浦（現在のマサン〈馬山〉市）を占拠しようとした事件。日本は釜山商人の名義で参謀本部資金をもって要地買収を行い、ロシアの軍港計画を失敗させた。

＊14 **頭山満**［１８５５〜１９４４］国家主義者・大アジア主義者。萩の乱で一時入獄。自由民権運動に参加後、国家主義に転じて玄洋社を創立。強硬外交と大陸進出を唱え、在野で右翼の中心人物として活躍した。

＊15 **玄洋社** １８８１（明治14）年、向陽社を改称して結成された政治団体。設立時の社長は平岡浩太郎。主たる社員に頭山満がいた。民権結社として出発したが、次第に国権主義的傾向を強め、のちの多くの国家主義的右翼団体の母体となった。

＊16　ビザンツ帝国　コンスタンティノープル（現在のイスタンブール）を首都とした中世ローマ帝国の通称。東ローマ帝国ともよばれる。ローマ帝国の東方領（のちのビザンツ帝国の母体）は、西のローマ帝国の西方領が滅びた（476年）あとも、ローマの政治体制、キリスト教、古代ギリシア文化の3本の柱を中心に1453年まで生き続けた。

＊17　ユーラシア外交　1997（平成9）年7月、橋本龍太郎首相により提示された中央アジア諸国やロシアとの連携を深める外交方針。

＊18　シンガポール合意　2018（平成30）年11月14日、シンガポール日露首脳会談で安倍晋三首相とプーチン大統領が「（1956〈昭和31〉年の）日ソ共同宣言を基礎に平和条約交渉を加速する」と合意。日ソ共同宣言は両国の国会で批准された法的拘束力をもつ国際約束であり、第9項後段では、平和条約締結後にソ連が日本に歯舞群島と色丹島を引き渡すことが明記されており、ソ連の継承国であるロシアは、平和条約締結後にこれら2島を日本に引き渡す義務を負うことから北方領土問題解決への期待が高まった。

＊19　日ソ共同宣言　1956（昭和31）年に調印された日本とソ連との間の共同宣言。第2次世界大戦における両国間の戦争状態の終結、国交の回復、平和条約締結後に歯舞群島・色丹島を日本側に引き渡すことなどを規定。

＊20　ウジホロド　ウクライナ西部、ザカルパチヤ州の州都。東カルパチア山脈の北東麓、ティサ川支流沿いに位置し、スロバキア、ハンガリーとの国境に近い。

＊21　ルシン人　ウクライナ語の方言とされるルシン語を話すスラブ人の民族集団。ルーシ人が19～20世紀初めにかけてウクライナ人としての民族意識が形成されていくなか、それを受け入れなかった少数民族を起源にもつ。

＊22　岩倉使節団　明治政府が1871（明治4）年から73（明治6）年にわたり、欧米に派遣した使節団。正使の岩倉具視以下、大久保利通・伊藤博文・木戸孝允らのべ107名がおよそ2年間、各国を歴訪し不平等条約改正をめざしたが果たせなかった。

＊23　**東條英機**［１８８４〜１９４８］政治家・陸軍大将。関東軍参謀長・陸相を経て、１９４１（昭和16）年首相。内相・陸相を兼任し、太平洋戦争開戦の最高責任者となったが、戦況不利となった44年辞職。戦後、極東国際軍事裁判でA級戦犯とされ、絞首刑。

＊24　**汪兆銘**［１８８３〜１９４４］中国の政治家。日本に留学し、孫文の指導する中国革命同盟会に加入。孫文の死後、国民党の左派指導者として武漢政府主席となり、蔣介石との合作政権で行政院長、党副総裁を務める。１９４０年反共と対日和平を掲げ、南京国民政府を樹立したが、日本軍の傀儡《かいらい》政権で終わった。

＊25　**エドワード・ハリマン**［１８４８〜１９０９］米国の実業家。１９０５（明治38）年来日。日露戦争後の南満州鉄道の日米共同経営を提唱し、桂太郎首相との間で予備協定覚書（桂・ハリマン協定）を作成するも、小村寿太郎の強硬な反対により無効となった。

＊26　**南満州鉄道**　東清鉄道（第２章、後注12参照）のうち、日露戦争で露国から獲得した南満州の鉄道とその付属事業を経営する半官半民の国策会社。１９０６（明治39）年設立。日本の中国侵略の拠点となった。

＊27　**女真族**　中国東北部に居住。ツングース系の民族で、12世紀には満州、華北に金王朝を建国。17世紀に清を建国した。のちに満州族と改名。

＊28　**満州族**　17世紀、女真を統一した太祖ヌルハチが自らの民族名を女真族から改めたことによる名称。

■第３章

＊1　**露仏同盟**　１８９１年から94年にかけて結ばれた政治・軍事同盟。当初の対ドイツ防衛同盟の性格から発展し、94年軍事協約となり、のち20世紀に入り英国が加わって三国協商となり、独・伊・オーストリアの三国同盟と対立。第１次世界大戦の素地が形成された。

＊2　**第１次世界大戦**　１９１４年７月から18年11月まで４年３カ月続いた人類最初の世界戦争。多くの近代兵器が使用され、一般国民も巻きこんだ最初の総力戦。帝国主義国家が独・伊・オーストリアを中心とし

た同盟国と英・仏・露を中心とした協商国の2陣営に分かれ、ヨーロッパを主戦場として戦い、オスマン・トルコが同盟国、日本が協商国側に加わって世界的規模となった。米国の参戦によって協商側の勝利。

＊3　ノモンハン事件　1939（昭和14）年5月、満州国とモンゴルとの国境で起きた日本の関東軍とソ連軍の衝突。関東軍はソ連軍の機械化部隊との戦闘で大きな損害を受け敗北。ソ連の被害も甚大であったこと、9月に第2次世界大戦が始まるという情勢となったため、停戦が成立。これを機に日本は北進を諦め、南進論に転換して日中戦争の局面打開を図った。

＊4　満州還付条約　1902年4月に露国と清国の間で結ばれた条約。00年に起こった北清事変で清国に出兵した露国が満州一帯を占領し、事変後も満州に駐屯した兵士を3度にわたって撤退することを清国と取り決めた。第1期撤兵は行われたが、第2期以降は実行されず、逆に露軍は鴨緑江沿岸を席巻した。

＊5　日中戦争　1937（昭和12）年7月の盧《ろ》溝橋《こうきょう》事件をきっかけにして起こった日本と中国との戦争。はじめ日本政府は支那事変あるいは日支事変とよび、宣戦布告も行わなかったが、戦線は全中国に拡大、太平洋戦争に発展した。

＊6　萬朝報　1892（明治25）年に黒岩涙香が東京で創刊。社会記事や翻案小説などを載せ発展。内村鑑三（第4章、後注5参照）・幸徳秋水（第1章、後注17参照）・堺利彦らが加わり、社会批判を展開し、日露開戦前には一時非戦論を主張した。

■第4章

＊1　ロマン・ローゼン　［1847〜1921］露国の外交官。1898（明治31）年、駐日公使として朝鮮半島の日露両国の支配権に関する協定（西・ローゼン協定）を結んだ。のち日露危機の打開にあたるが日露戦争開戦で離日。ポーツマス条約の締結にもあたる。

＊2　ハル・ノート　1941（昭和16）年11月26日、日米交渉最終段階における米国務長官C・ハルの提案した文書。内容は太平洋周辺地域各国の不可侵条約締結、中国・仏領インドシナからの日本軍撤退、在重慶《チョンチン》

国民政府以外の中国政府の否認など。東條内閣はこれを最後通牒とみて、対米開戦を決定。

＊3　**個別的自衛権**　武力攻撃を受けた国が、必要かつ相当な限度で防衛のため武力に訴える権利。

＊4　**国連安全保障理事会**　国際連合の主要機関の一つで、総会と並ぶ最高機関。国際平和の維持、国際紛争の解決を目的とする。米・英・仏・ロシア・中国の5常任理事国と、10の非常任理事国で構成。常任理事国は決議における拒否権を有する。

＊5　**内村鑑三**〔1861〜1930〕無教会派キリスト教伝道者。札幌農学校在学中に受洗。聖書研究会を開いて無教会主義を唱えた。足尾銅山鉱毒反対運動に関わり、日露戦争に際しては非戦論を主張した。

＊6　**無政府主義**　一切の政治的、社会的権力を否定して、個人の完全な自由と独立を望む考え方。プルードンやバクーニンなどがその代表的な思想家。アナーキズムとも称される。

＊7　**片山潜**〔1859〜1933〕労働運動指導者。米留学から帰国後、労働組合結成を指導。社会主義運動の先駆者。日露戦争で反戦を主張。のちにソ連でコミンテルン中央執行委員となり、モスクワで死去。

＊8　**与謝野晶子**〔1878〜1942〕歌人。与謝野鉄幹主宰の東京新詩社社友となり、『明星』に短歌を発表。1901（明治34）年第1歌集『みだれ髪』に奔放な愛の情熱をうたって反響をよぶ。同年鉄幹と結婚し、ともに浪漫主義詩歌運動を推進するかたわら社会問題の評論、文化学院の創立など多方面に活躍した。

＊9　**石川三四郎**〔1876〜1956〕社会運動家。「萬朝報」記者から平民社に入り、「平民新聞」発刊に協力。福田英子の『世界婦人』の発刊を助け、無政府主義に傾く。第2次世界大戦後、日本アナーキスト連盟を組織。無政府主義運動の先駆者。

＊10　**池田大作**〔1928〜〕創価学会第3代会長。創価大学、アメリカ創価大学、創価学園、民主音楽協会、東京富士美術館、東洋哲学研究所、戸田記念国際

平和研究所などを創立。国連平和賞受賞。世界の大学学術機関から400を超える名誉学術称号を受ける。著作『人間革命』(全12巻)、『新・人間革命』(全30巻)など多数。対談集も多い。

＊11 徳冨蘆花［1868～1927］小説家。1900(明治33)年『不如帰《ほととぎす》』で作家として自立。エルサレム巡礼、トルストイ訪問ののち東京郊外で半農生活をおくり、『みゝずのたはこと』などをかいた。著作に『自然と人生』『思出の記』など。

＊12 徳富蘇峰［1863～1957］ジャーナリスト、評論家。徳冨蘆花の兄。1886(明治19)年『将来之日本』で文名をあげる。87(明治20)年民友社を創立、「国民之友」「国民新聞」を創刊し、平民主義を主張。日清戦争を機に国家主義に傾く。

＊13 大逆事件 1910(明治43)年、多数の社会主義者・無政府主義者が明治天皇の暗殺計画容疑で検挙された事件。大逆罪の名のもとに24名に死刑が宣告され、翌年1月、幸徳秋水(第1章、後注17参照)ら12名が処刑された。

＊14 管野スガ［1881～1911］社会主義者。「大阪新報」の記者となったのち上京。社会主義思想に近づき、平民社に堺利彦を訪ね、赤旗事件で投獄される。のち幸徳秋水(第1章、後注17参照)と恋愛同棲し、アナーキズムに共鳴。『自由思想』の発行に協力するが発禁となる。

＊15 マルクス主義 マルクスおよびエンゲルスによって確立された思想体系。弁証法的唯物論・史的唯物論・マルクス経済学・階級闘争論・社会主義の理論などからなる。資本主義の発展法則を解明して、生産力と生産関係の矛盾から社会主義へ移行するのは必然的な結果であるとし、その社会変革はプロレタリアート(労働者階級)によって実現されると説く。

＊16 真珠湾攻撃 1941(昭和16)年12月7日(日本時間では8日)、米国オアフ島の真珠湾(パールハーバー)にある米国海軍の太平洋艦隊基地に対して、日本海軍が加えた奇襲攻撃。太平洋戦争のきっかけとなった。

＊17 ワシントン会議 1921(大正10)年11月か

ら翌年2月にかけて、ワシントンで開かれた国際会議。米国大統領ハーディングの提唱により、米・英・日・仏・伊・ポルトガル・ベルギー・蘭・中国が参加。海軍の主力艦を制限する5カ国条約、中国に関する9カ国条約、太平洋問題に関する4カ国条約が成立し、日英同盟は廃棄された。

■第5章

＊1 遼陽会戦 日露戦争における最初の本格的会戦。遼陽は遼東半島および朝鮮北西部をつなぐ政戦両略の要地で、どちらの軍がここを制するかが、その後の南満州における戦局を決定するといわれていた。1904（明治37）年8月30日から総攻撃に移り、2万3500人の死傷者を出して辛勝するも日本軍は疲労と弾薬不足のため、効果的な追撃戦ができなかった。

＊2 沙河会戦 1904（明治37）年10月8日に本《ペン》渓湖《チーフー》付近の日本軍の第一軍を露軍が攻撃して始まった戦い。一進一退の戦いが続き、露軍は後退。第四軍は沙河河畔の丘陵で戦略的要地だった万宝山《ワンパオシャン》を占領したが、露軍の猛反撃により敗走。露軍は万宝山を奪還した。日本軍の死傷者は2万余り。

＊3 セオドア・ルーズベルト［1858〜1919］ 第26代米国大統領。共和党。トラストの摘発、自然保護などの革新政策を行い、外交では、パナマ運河建設、ラテンアメリカ諸国への干渉などの積極策を推進。日露戦争の講和を斡旋。1906年ノーベル平和賞受賞。

＊4 有坂成章［1852〜1915］ 陸軍中将。陸軍兵学寮を卒業後、東京砲兵工廠《こうしょう》に勤務し、大砲の改良に尽くす。発明した三十年式歩兵銃、三十一年式速射野砲は有坂銃とよばれ、日露戦争で全陸軍に配備された。

＊5 下瀬雅允［1860〜1911］ 化学技術者。大蔵省印刷局に勤務ののち、海軍兵器製造所の技手に転じ、火薬の研究に専念。下瀬火薬を発明する。海軍下瀬火薬製造所長を務めた。

＊6 ニトロセルロース セルロースの硝酸エステルで、180度付近で発火し激しく燃える。ほとんど全部ニトロ化されたものは綿火薬として、以前は火薬の

原料として使用されたが、現在は他の強力な火薬に置き換えられている。

＊7　ピクリン酸　2,4,6-トリニトロフェノールのこと。強い酸性と苦味をもつのでこの名称がある（picro=苦味）。融点122・5度。ゆっくり熱すると昇華するが、急激に熱したり衝撃を与えたりすると爆発するので、圧縮したものは炸薬として使われる。

＊8　伊集院五郎［1852〜1921］軍人。台湾出兵、西南戦争に従軍後、英国の海軍大学校を卒業。日清戦争では海軍参謀を務める。砲弾の起爆装置である信管を改良し、日露戦争でその威力が発揮された。

＊9　南山の戦い　日露戦争開戦から3カ月後の1904（明治37）年5月、日本軍第二軍が遼東半島の塩大澳に上陸。第二軍は、大連湾と金州《チンチュウ》湾に挟まれた遼東半島の最狭部にある南山を攻撃した。激戦のすえに南山砲台と防塁を奪取。大連の露軍守備隊が旅順《リュイシュン》に撤退したため、日本軍は大連を占領した。日本軍の死傷者は4387人。

＊10　近接信管　対空弾に組み込まれた発信器からの電波を利用して、対空弾が目標の有効距離内に近接し、目標からの反射波が一定状態になると自動的に発火する信管。VT信管とも呼ばれる。第2次世界大戦初期に英国と米国により共同開発された。1943年1月米国巡洋艦「ヘレナ」から発射され、初めて対空火器として使われた。

＊11　ロシア遠征　1812年、ナポレオンが行った遠征。露国の大陸封鎖令違反を口実に征服を企て、40万の大軍を派遣、9月にモスクワを占領したが、糧道を断たれ撤退。帰路に大きな犠牲を出し、その没落の始まりとなった。

＊12　血の日曜日事件　1905年1月22日の日曜日に露国の首都サンクト=ペテルブルクで起きた労働者虐殺事件。労働者とその家族が聖職者ガポンに率いられて冬宮《とうきゅう》（ロシア帝国時代の宮殿）に向かって請願行進中、軍隊の発砲を受けて2000人以上の死傷者を出し、第1次ロシア革命の発端となった。

＊13　ロシア革命　20世紀初頭のロシアに起こった一

連の革命。第1次ロシア革命は、ロマノフ朝の専制支配に対する不満を背景に、1905年1月の「血の日曜日事件」を契機に起こり、全国ゼネスト、戦艦ポチョムキンの反乱などで頂点に達したが、国会開設勅令の発布やモスクワでの武装蜂起の失敗により鎮静化した。第2次ロシア革命は、第1次世界大戦での敗北や社会不安から、1917年3月に労働者や兵士が蜂起、帝政を打倒してケレンスキーの臨時政府が成立。さらに11月、レーニンの指導するボリシェビキがプロレタリア独裁をめざして武装蜂起し、史上初の社会主義政権を樹立した。

＊14 乃木希典［1849〜1912］陸軍大将。陸軍少佐として西南戦争に従軍。歩兵第一旅団長、台湾総督などを経て、日露戦争では第三軍司令官として旅順攻撃を指揮。明治天皇大葬の日に妻の静子とともに殉死した。

＊15 バルチック艦隊 バルト海に根拠地を置いた、ロシア帝国の主力艦隊。日露戦争のときに東洋に回航され、1905（明治38）年5月の日本海海戦で日本連合艦隊に撃滅された。

＊16 黒船襲来 1853（嘉永6）年に米国海軍軍人で東インド艦隊司令長官のマシュー・ペリーが浦賀に来航し、江戸幕府に開国を要求したこと。翌年、再来日し、武力を背景に日米和親条約を締結した。

＊17 教育勅語 1890（明治23）年、明治天皇によって発布された戦前の教育の根本方針を示した勅語。正式には「教育に関する勅語」という。山縣有朋内閣のもとで、井上毅《こわし》・元田永孚《ながざね》らが起草。儒教的徳目を基礎に忠君愛国などの国民道徳を説く。天皇の写真（御真影《ごしんえい》）とともに全国の学校に配布、礼拝・奉読の強制により国体観念を国民に植えつけ、天皇制の精神的支柱とした。

＊18 軍人勅諭 1882（明治15）年、明治天皇が軍人に下した勅諭。「軍人に賜はりたる勅諭」の略称。参謀本部長の山縣有朋が西周に起草させた。大元帥である天皇が直接軍の統帥に当たること、天皇への忠節を第一とし、礼儀・武勇・信義・質素の5徳目を掲げ、天皇への絶対的服従を強調した。

＊19 ガダルカナル戦 1942（昭和17）年8月〜

43（昭和18）年2月、日本軍と米軍との間で行われたガダルカナル島の争奪戦。42年5月の日本軍の南太平洋ソロモン群島南端のガダルカナル島占領に対し、アメリカ軍は8月から6カ月にわたる全力反撃を起こし、激しい争奪戦ののち日本軍は敗退。太平洋戦争の大きな転機となった戦いで、以後日本は急速に敗戦に向かった。

＊20　満州事変　１９３１（昭和6）年9月18日、奉《フェン》天《ティアン》（現在の瀋陽《シェンヤン》）郊外での柳条湖事件を契機に始まった日本の中国東北部への侵略戦争。翌年満州国独立を宣言、さらに熱河省を占領、国民政府と塘沽《タンクー》停戦協定を締結して満州領有を既成事実化した。

＊21　香港攻略作戦　１９４１（昭和16）年12月８日の真珠湾攻撃から始まった太平洋戦争で、日本は英国にも宣戦布告を行い、日本軍が英領植民地の香港に侵攻。12月25日、日本は英国の全面降伏によって香港を占領した。

＊22　明石元二郎［１８６４〜１９１９］軍人。日露戦争ではロシア公使館付としてストックホルムでロシアに対する諜報・謀略活動にあたる。のち韓国駐箚《ちゅうさつ》憲兵隊司令官として憲兵による朝鮮支配をすすめた。

＊23　ヴィルヘルム2世［１８５９〜１９４１］ドイツ皇帝およびプロイセン王。皇帝に即位するや宰相ビスマルクを辞任させ、積極的な海外進出（世界政策）に乗り出す。ロシアとの再保障条約の不更新、穀物関税の引上げ、近東への進出（3B政策）などによって露国や英国との対立を招き、さらに海相ティルピッツのもと大艦隊の建造に着手し、英独建艦競争を引き起こし、英国との対立を深めた。またモロッコ問題で仏国と衝突した。

＊24　ウラジーミル・レーニン［１８７０〜１９２４］ロシアの革命家・政治家。学生時代から革命運動に参加、流刑・亡命生活を経て、１９１７年、ボリシェビキを率いて第2次ロシア革命を成功させ、史上初の社会主義政権を樹立。人民委員会議長としてソビエト連邦の建設を指導した。また、マルクス主義を理論的に発展させ、その後の国際的革命運動に大きな影響を与えた。著作『帝国主義論』『国家と革命』など。

＊25　フィンランドの民族独立運動　19世紀末から汎《はん》スラブ主義が高まり、国際対立のなかでのサンクト＝ペテルブルク（社会主義時代のレニングラード）防衛の必要などから、フィンランドの自治権を奪おうとするロシア化政策が強行される。これには暴力・非暴力による抵抗が試みられたが、1917年の第2次ロシア革命で終止符が打たれ、レーニン政権から独立の承認を受けた。

＊26　児玉源太郎［1852〜1906］軍人。1887（明治20）年陸軍大学校初代校長となり軍制を整備。陸軍次官、台湾総督、陸相、内相、文相などを歴任。日露戦争では満州軍総参謀長を務め、大山巌満州軍総司令官を補佐。

第6章

＊1　旅順艦隊　日露戦争開戦直前、露国の極東シベリア小艦隊やバルト海艦隊に属する艦船が、太平洋艦隊に再編されたうち、旅順に拠点を置いた露海軍。

＊2　黄海海戦　1904（明治37）年8月10日、黄海で行われた海戦。ウラジオストクの艦隊と合流するため旅順港から脱出したロシア艦隊と、それを阻止しようとした日本艦隊との間で戦われた。日本はロシア艦隊の旅順脱出を阻んで、制海権を握った。

＊3　蔚山沖海戦　1904（明治37）年8月14日、朝鮮蔚山沖で上村《かみむら》彦之丞《ひこのじょう》中将指揮下の第二艦隊とロシアのイエッセン少将指揮下のウラジオストク艦隊が遭遇。第二艦隊の勝利によって、日本が朝鮮沿岸の制海権を確保した。

＊4　東郷平八郎［1848〜1934］軍人。明治維新後に英国に留学。日清戦争では「浪速《なにわ》」艦長。日露戦争では連合艦隊司令長官として、旅順港封鎖作戦、日本海海戦を指揮。バルチック艦隊を撃滅し、「東洋のネルソン」と称された。

＊5　朝河貫一［1873〜1948］歴史学者。イェール大学教授。日本と欧州を比較した封建制度史の研究で業績をあげた。著作『入来文書』は世界的に有名。日露戦争の原因を究明した『日露衝突』など。

＊6 戦艦 大口径砲を装備し、厚い装甲を施し、第2次世界大戦まで砲戦において最も大きな威力があった大型軍艦。巡洋艦と並んで主力艦と呼ばれ、1860年から1940年代初めまで、海洋の支配者の役を演じた。

＊7 巡洋艦 戦艦に次ぐ攻防力を有する軍艦。高速で大きな航続力、通信および警戒能力をもち、偵察、警戒、主力の援護、護衛など多種多様の任務に服する。

＊8 駆逐艦 多様な作戦任務につく重装備、高速の海軍艦艇。巡洋艦よりも小型。

＊9 海防艇 沿岸防衛用に使われる低速、喫水の浅い小艦。航続力も小さい。日本では第2次世界大戦中、護衛艦を海防艇と呼んだ。旧式の戦艦、巡洋艦があてられることもある。

＊10 水雷艇 魚雷を主兵装として敵艦船を攻撃する高速のモーターボート。魚雷の発明とともに生まれ、世界最初の魚雷艇は1877年に完成したイギリス海軍の「ライトニング」。

＊11 三笠 連合艦隊司令長官・東郷平八郎大将の旗艦として、日露戦争に就役した軍艦。1902（明治35）年完成。英国のビッカーズ社が建造。日本の最新鋭艦であると同時に、当時の世界最大最強の軍艦でもあった。

＊12 秋山真之 ［1868～1918］軍人。秋山好《よし》古《ふる》の弟。日清戦争に従軍。米国留学後に、常備艦隊参謀となる。日露戦争では連合艦隊参謀として海戦の作戦を指揮。日本海海戦での「本日天気晴朗ナレドモ波高シ」の報告文は有名。戦略家として知られた。

第7章

＊1 レク・トロツキー ［1879～1940］ロシアの革命家。ペトログラード－ソビエト議長として第2次ロシア革命を指導。革命後、世界革命論を唱え、一国社会主義を唱えるスターリンと対立。1927年に共産党から除名。のち国外追放。メキシコで暗殺された。著作『わが生涯』『ロシア革命史』など。

＊2 門戸開放 米国が1899年に表明。機会均等

も含め米国の対中国政策の基本原則。中国への帝国主義的進出に遅れた米国が、清国において通商権・関税・鉄道料金・入港税などを平等とし、各国に同等に開放されるべきと主張。門戸開放と機会均等の2原則に加え、翌年、領土保全の原則を宣言。

＊3　**金子堅太郎**［1853〜1942］政治家。1885（明治18）年首相秘書官となり、翌年から伊藤博文のもとで憲法起草に参画。農商務相、法相を務め、日露戦争中、米国に特派され講和に貢献。

＊4　**セオドア・S・ウールゼイ**［1852〜1929］イェール大学教授、国際法。1872年、イェール大学を卒業し、同年「スカル・アンド・ボーンズ」に入会。米国で最も古い文学雑誌『Yale Review』の創刊者の一人でもある。

＊5　**フレデリック・ウェルズ・ウィリアムズ**［1857〜1928］イェール大学助教授、東洋史。幕末にマシュー・ペリーの通訳として来日したサミュエル・ウェルズ・ウィリアムズの子。著作『清末・幕末に於けるS・ウェルズ・ウィリアムズ生涯と書簡』。

＊6　**スカル・アンド・ボーンズ**　イェール大学の学生による排他的な社交クラブ。1832年創設。構成員同士の交流を深め、卒業後社会的・経済的な成功を収めることを目的とする。主に白人・プロテスタントのエリート層からなる。歴代の大統領や政府要職者、産業界のリーダーにも同クラブの出身者が多い。

＊7　**大隈重信**［1838〜1922］政治家。明治十四年の政変で失脚。翌年立憲改進党を組織、東京専門学校（のちの早稲田大学）創立。のち外相となり不平等条約改正に当たったが、玄洋社員に襲われ、右足を失い辞職。1914（大正3）年、第2次大隈内閣を組織し、第1次世界大戦に参戦、対華二十一ヵ条要求を強行した。

＊8　**勝海舟**［1823〜99］政治家。蘭学・兵学を学び、幕府使節とともに渡米。幕府海軍育成に尽力。明治維新後、海軍卿・枢密顧問官などを歴任。著作『吹塵録』『海軍歴史』、自伝『氷川清話』など。

＊9　**朝河正澄**［1844〜1906］二本松藩士として戊辰戦争を戦う。1874（明治7年）年に立子

山小学校に赴任。子・貫一の教育に熱心で、貫一が小学校時代に『近古史談』『日本外史』、四書五経などを読ませていた。

＊10 二本松藩 陸奥国、二本松（現在の福島県二本松市）周辺を領有した外様藩。戊辰戦争（次注参照）における二本松少年隊の悲劇で知られる。

＊11 戊辰戦争 1868（明治元）年（戊辰《つちのえたつ》の年）1月から翌年5月に行われた維新政府軍と旧幕府派との内戦。鳥羽・伏見の戦い、上野の彰義隊の戦い、会津戦争、箱館戦争などの総称。

＊12 フランクリン・ルーズベルト ［1882〜1945］第32代米国大統領。大恐慌の経済危機のなか大統領に就任。ニューディール政策に着手するとともに社会改革を推進した。第2次世界大戦では、戦時大統領として強力な指導力を発揮しつつ、ソ連との協調を重視しながら戦後の平和構想の立案に尽力した。しかし終戦を目前に脳溢血で死去。

＊13 セルゲイ・ヴィッテ ［1849〜1915］露国の政治家。1892年蔵相となり、鉄道建設、信用制度の整備などの近代化政策をとる。のち首相として政治的自由化により革命の回避に尽力。日露戦争終結のためのポーツマス講和会議の全権大使。

＊14 クルップ社 独国の重工業企業。1840年代に兵器生産に乗り出し、軍備拡張を進める列強諸国に販売して巨利をあげ、ルール地方の鉄鋼、石炭を基礎にドイツ産業界に君臨。軍備拡大の主翼を担い、ナチス政権からも「クルップ法」によって保護された。第2次世界大戦後、兵器生産からは離脱。

＊15 アームストロング社 英国の総合機械メーカー。機械技術者でアームストロング砲の発明者として知られるウィリアムス・ジョージ・アームストロング（1810〜1900）が、1882年にアームストロング社を設立。ヨーロッパではクルップ社に次ぐ大企業に成長した。

＊16 パターナリズム 権力者、支配者が被支配者、従属者の意志に反して、被支配者、従属者の利益になるという理由から、その行動に介入したり、干渉した

りすること。

■第8章

＊1　**ウィリアム・タフト**［1857〜1930］第27代米国大統領。巡回裁判所判事、フィリピン植民地総督を務め、ルーズベルト政権下で陸軍長官。その間、桂・タフト協定や日本人の米国への移民を制限した日米紳士協約を締結させる。大統領として「ドル外交」を推進し、ペーン＝オルドッチ関税法を施行した。

＊2　**日米安全保障条約**　サンフランシスコ講和条約に基づき独立後の非武装日本の安全保障のため米軍の日本駐留を定めた条約（1951年調印、52年発効）。米国は日本防衛の義務を負うが、日本は米国が攻撃を受けた時に助ける義務がないという片務的形式をとる。

＊3　**日本人・韓国人排斥同盟**　1905年に米国・サンフランシスコで結成された組織。おもに日本、中国、韓国のアジア系移民を制限することを目的に掲げた。サンフランシスコの教育委員会はアジア排斥同盟の働きかけによって、アジア人学童を分離した。

＊4　**排日移民法**　20世紀初め日本移民を制限した米国の一連の法律。とくに1924年に成立した割当移民法を指す。この法律によって、日本人は帰化不能外国人ということで入国はいっさい禁止された。日本移民の排斥は、19世紀末日本移民が米国本土に数千人しかいなかったころから始まり、20世紀になると、カリフォルニアをはじめ西部諸州で激しくなった。

＊5　**ウラジーミル・ソロヴィヨフ**［1853〜1900］露国の哲学者、文明批評家。伝統的なロシア正教会で育てられる。サンクト＝ペテルブルク大学で哲学を教えるが、1881年に皇帝暗殺犯の恩赦を求める講演をしたため大学を追われる。のち西欧と露のキリスト教統一をめざし、普遍教会を唱える。晩年は反キリストの到来と世界の終末を予感しつつ死去。

＊6　**英露協商**　1907年、英国と露国との間に結ばれた協定。アフガニスタンを英国の勢力範囲とし、イランにおける両国の勢力範囲を決定、さらにチベットに対する内政不干渉などを決めた。これによって独国の進出に対抗する英・仏・露三国協商が成立した。

＊7　三国協商　1891年の露仏同盟、1904年の英仏協商、07年の英露協商によって生まれた英・仏・露3国の同盟関係のこと。ドイツ包囲を目的とし、三国同盟に対抗したもの。第2次ロシア革命による帝政ロシアの崩壊により消滅。

＊8　国際連盟　第1次世界大戦後、国際間の協力によって国際平和を維持するため、米国大統領ウィルソンの提唱によって1920（大正9）年に設立された国際機関。米は当初から不参加、日本・独・伊の脱退、ソ連も除名されるなどして有名無実となり、46年解散。

日本

1894・6・2 日本、朝鮮派兵決定
6・7 日本、清に朝鮮出兵を通告
8・1 日清両国宣戦布告
1895・2・2 山東半島の威海衛を占領
4・17 下関条約調印
4・23 三国干渉
5・4 閣議、遼東半島の放棄を決定
10・8 朝鮮駐在公使、閔妃暗殺

世界

1894・2・15 甲午農民戦争（東学の乱）
6・3 朝鮮、清に派兵要請
6・7 清、日本に朝鮮出兵を通告
1895・7 清、対日賠償金の支払いのため、露仏より合計4億フランを借款
1896・5 清、対日賠償金の支払いのため、英独より1600万ポンドの借款
6・3 露・清間に対日共同防衛の密約成立。露は東清鉄道の敷設権を獲得
10 東清鉄道の密約改定。東三省鉄道とシベリア鉄道の接続を決める
12 独、膠州湾の50年間租借を要求、のち占領
1898・3 露、旅順・大連租借権獲得
4 米西戦争（～同年12月）
1899・2 米比戦争（～1902年7月）
9 米国、中国における門戸開放、機会均等を提案
10 ボーア戦争（～1902年）
1900・6 義和団、北京の列国公使館を包囲

1900・8	日本を主力とする8カ国連合軍、北京占領
1901・5	伊藤博文首相、辞表提出
5	社会民主党結成を禁止
6	桂内閣が成立
7	内村鑑三・幸徳秋水、黒岩涙香らを中心に理想団を結成
12・2	日露協商、交渉開始
12・7	元老会議、日英同盟を承認
1902・1・30	日英同盟調印
1903・6	「七博士意見書」が「東京朝日新聞」に掲載
8	日露交渉
10	経済界の開戦反対論が開戦支持に
10	非戦論を唱えていた「萬朝報」が主戦論に

	清の西太后、義和団を支持。列国に宣戦布告
8	露、黒龍江省北部・愛琿の清国人を虐殺
1901・10	露、満州の主要地を占領、長期駐兵へ
12	露で社会革命党結成
1902・4	満州還付条約
1903・4	露、第2次の満州撤兵、着手せず
5	龍巌浦事件
5	露、龍巌浦の租借権を獲得
8	露、旅順港要塞の増強工事、極東総督府を設置
10	露、第3次の満州撤兵、着手せず

日本

10・12 内村鑑三・幸徳秋水ら萬朝報社退社
11 幸徳秋水ら「平民新聞」発行
1904・2・4 対露宣戦が御前会議で決定
2・6 露に国交断絶を通告
2・6 連合艦隊、旅順に向けて出発
2・8 陸軍第一軍、仁川上陸
2・8 連合艦隊、旅順港外の露艦隊を夜襲
2・8 連合艦隊、旅順港口の露艦隊を攻撃
2・10 日露両国、宣戦布告
5・26 南山の戦い
8・10 黄海会戦
8・14 蔚山沖海戦
8・14 片山潜、第2インターナショナル第6回大会に出席
8・22 第1次日韓協約
8・28 遼陽会戦
10・8 沙河会戦
12・5 二百三高地陥落
1905・2・10 奉天会戦

世界

10 バルチック艦隊、リバウ港を出港
12 旅順艦隊壊滅
1905・1・1 旅順要塞司令官、降伏を申し入れ
1・9 バルチック艦隊、マダガスカル島北西端のノシベに入港
1・22 血の日曜日事件（第1次ロシア革命）

5・14 日本人・韓国人同盟結成
5・27 「敵戦見ユ」の無電が入る
午後2時5分過ぎ　日本海海戦
5・28 連合艦隊、バルチック艦隊に壊滅的打撃を与える
6・10 講和勧告を正式に受諾
7・7 樺太上陸
7・29 桂・タフト協定
7・31 樺太占領
8・10 日露講和会議
8・12 第2次日英同盟
9・1 休戦議定書に調印
9・5 ポーツマス条約調印
9・5 日比谷焼き討ち事件
10・15 ポーツマス条約批准（終戦）
11・17 第2次日韓協約
1907・6 日仏協約

4・14 バルチック艦隊、インドシナ東岸のカムラン湾に投錨
5・14 バルチック艦隊、カムラン湾を抜錨
6 露国内各地で反乱・暴動起きる
6・9 米、正式に日露両国へ講和勧告
6・12 露、講和勧告を正式に受諾
6・27 露、戦艦ポチョムキンの反乱が起きる

日本

年月日	事項
7	第3次日韓協約
7	第1次日露協約
8	英露協商、三国協商が確立
1910・7	第2次日露協約
1911・7	第3次日英同盟
1912・7	第3次日露協約
1914・7・28	第1次世界大戦開戦
1916・7	第4次日露協約
1918・11・11	第1次世界大戦終結
1921・12	4カ国条約
1923・8	日英同盟失効
1924・7・1	排日移民法施行

世界

年月日	事項
1917・3	第2次ロシア革命

本書は語り下ろしです。
対談は２０２２年10月から同年11月に行われました。

安部龍太郎　あべ・りゅうたろう（作家）

１９５５年福岡県八女市（旧・黒木町）生まれ。久留米工業高等専門学校機械工学科卒業。東京都大田区役所勤務、図書館司書として働きながら小説を執筆。90年に『血の日本史』で作家デビュー。２００５年に『天馬、翔ける』で中山義秀文学賞を受賞。13年に『等伯』で直木賞受賞。著書に『彷徨える帝』『関ヶ原連判状』『信長燃ゆ』『恋七夜』『道誉と正成』『下天を謀る』『蒼き信長』『冬を待つ城』『維新の肖像』『姫神』『おんなの城』『蝦夷太平記　十三の海鳴り』『シルクロード　仏の道をゆく』など多数。20年、京都府文化賞功労賞を受賞。

佐藤 優 さとう・まさる （作家・元外務省主任分析官）

1960年東京都生まれ。同志社大学大学院神学研究科修了後、専門職員として外務省に入省。在イギリス大使館勤務、在ロシア大使館勤務を経て、外務省国際情報局で主任分析官として活躍。2002年、背任と偽計業務妨害容疑で逮捕・起訴され、09年6月に執行猶予付き有罪確定（13年6月に執行猶予期間が満了し、刑の言い渡しが効力を失った）。著書に『国家の罠』（毎日出版文化賞特別賞）、『自壊する帝国』（新潮ドキュメント賞、大宅壮一ノンフィクション賞）、『十五の夏』（梅棹忠夫・山と探検文学賞）、『池田大作研究　世界宗教への道を追う』『プーチンの野望』など多数。20年、菊池寛賞（日本文学振興会主催）を受賞。同志社大学神学部客員教授も務める。

潮新書 052

対決! 日本史4
日露戦争篇

2023年 3月20日 初版発行

著　者｜ 安部龍太郎
佐藤　優
発行者｜ 南　晋三
発行所｜ 株式会社潮出版社
〒102-8110
東京都千代田区一番町6　一番町SQUARE
電話 ■ 03-3230-0781（編集）
■ 03-3230-0741（営業）
振替口座 ■ 00150-5-61090

印刷・製本｜ 中央精版印刷株式会社
ブックデザイン｜ Malpu Design

ISBN978-4-267-02374-3　C1221